厚大®法考
Judicial Examination

2025 年国家法律职业资格考试

黄金考点 · 迷你案例 · 思维推演

民诉法

考点清单

主观题

刘鹏飞◎编著 | 厚大出品

中国政法大学出版社

日日行，不怕千万里

≪≪ 厚大在线 ≫≫

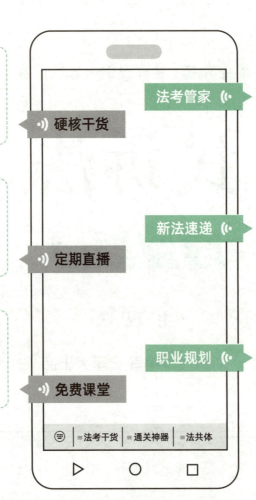

八大学科学习方法、新旧大纲对比及增删减总结、考前三页纸等你解锁。

硬核干货

备考阶段计划、心理疏导、答疑解惑，专业讲师与你相约"法考星期天"直播间。

定期直播

图书各阶段配套名师课程的听课方式，课程更新时间获取，法考必备通关神器。

免费课堂

法考管家

法考公告发布、大纲出台、主客观报名时间、准考证打印等，法考大事及时提醒。

新法速递

新修法律法规、司法解释实时推送，最高院指导案例分享；牢牢把握法考命题热点。

职业规划

了解各地实习律师申请材料、流程，律师执业手册等，分享法律职业规划信息。

更多信息
关注厚大在线

HOUDA

做法治之光

——致亲爱的考生朋友

如果问哪个群体会真正认真地学习法律，我想答案可能是备战法考的考生。

当厚大的老总力邀我们全力投入法考的培训事业，他最打动我们的一句话就是：这是一个远比象牙塔更大的舞台，我们可以向那些真正愿意去学习法律的同学普及法治的观念。

应试化的法律教育当然要帮助同学们以最便捷的方式通过法考，但它同时也可以承载法治信念的传承。

一直以来，人们习惯将应试化教育和大学教育对立开来，认为前者不登大雅之堂，充满填鸭与铜臭。然而，没有应试的导向，很少有人能够真正自律到系统地学习法律。在许多大学校园，田园牧歌式的自由放任也许能够培养出少数的精英，但不少学生却是在游戏、逃课、昏睡中浪费生命。人类所有的成就靠的其实都是艰辛的训练；法治建设所需的人才必须接受应试的锤炼。

应试化教育并不希望培养出类拔萃的精英，我们只希望为法治建设输送合格的人才，提升所有愿意学习法律的同学整体性的法律知识水平，培育真正的法治情怀。

厚大教育在全行业中率先推出了免费视频的教育模式，让优质的教育从此可以遍及每一个有网络的地方，经济问题不会再成为学生享受这些教育资源的壁垒。

最好的东西其实都是免费的，阳光、空气、无私的爱，越是弥足珍贵，越是免费的。我们希望厚大的免费课堂能够提供最优质的法律教育，一如阳光遍洒四方，带给每一位同学以法律的温暖。

没有哪一种职业资格考试像法考一样，科目之多、强度之大令人咋舌，这也是为什么通过法律职业资格考试是每一个法律人的梦想。

法考之路，并不好走。有沮丧、有压力、有疲倦，但愿你能坚持。

坚持就是胜利，法律职业资格考试如此，法治道路更是如此。

当你成为法官、检察官、律师或者其他法律工作者，你一定会面对更多的挑战、更多的压力，但是我们请你持守当初的梦想，永远不要放弃。

人生短暂，不过区区三万多天。我们每天都在走向人生的终点，对于每个人而言，我们最宝贵的财富就是时间。

感谢所有参加法考的朋友，感谢你愿意用你宝贵的时间去助力中国的法治建设。

我们都在借来的时间中生活。无论你是基于何种目的参加法考，你都被一只无形的大手抛进了法治的熔炉，要成为中国法治建设的血液，要让这个国家在法治中走向复兴。

数以万计的法条，盈千累万的试题，反反复复的训练。我们相信，这种貌似枯燥机械的复习正是对你性格的锤炼，让你迎接法治使命中更大的挑战。

亲爱的朋友，愿你在考试的复习中能够加倍地细心。因为将来的法律生涯，需要你心思格外的缜密，你要在纷繁芜杂的证据中不断搜索，发现疑点，去制止冤案。

亲爱的朋友，愿你在考试的复习中懂得放弃。你不可能学会所有的知识，抓住大头即可。将来的法律生涯，同样需要你在坚持原则的前提下有所为、有所不为。

亲爱的朋友，愿你在考试的复习中沉着冷静。不要为难题乱了阵脚，实在不会，那就绕道而行。法律生涯，道阻且长，唯有怀抱从容淡定的心才能笑到最后。

法律职业资格考试不仅仅是一次考试，它更是你法律生涯的一次预表。

我们祝你顺利地通过考试。

不仅仅在考试中，也在今后的法治使命中——

不悲伤、不犹豫、不彷徨。

但求理解。

厚大®全体老师　谨识

前　言
FOREWORD

主观题民诉法学科考情概览

一　民诉法部分的考查特点

民诉法部分在主观题的考查中仍然占有举足轻重的地位。从法考改革后的题目回忆情况来看，民诉法基本稳定在每年考查四问的水平上下，并且，这四问的得分相较于其他学科，更具可预期性。因此，民诉法的学习对同学们而言尤为重要。为什么这么说呢？这要从法考主观题中民诉法题目的考查特殊性说起。

民诉法作为程序法，和民法等实体法相比，更强调对程序规则的记忆和运用，而熟练运用必须建立在准确记忆的基础上。也正因如此，关注社会生活的民法，在考试当中呈现出高度的灵活性；而将目光集中于民事诉讼程序本身的民诉法，在考试当中就显得更为有章可循。换言之，只要对相应的知识点有扎实的记忆，并辅之以适当的解题训练，在民诉法部分取得满意的分数，甚至高分，都不是太困难的事情。因此，民诉法主观题的四问就成了同学们提高总体分数的重要突破点。

民诉法的这种考查风格沿袭自司考时代，虽然在法考时代融合了一些新的元素，但民诉法考查务实、凝练的特点依然作为其主要特色存在。该特色决定了民诉法的题目不像理论法那样，要求同学们具备一定的理论知识，并且具备较好的语言组织能力和写作能力；也不像实体法那样，题目繁琐复杂，甚至个别题目直击知识边际，出人意表。民诉法的题目，只需要同学们扎实记忆，然后将问题还原为我讲过的知识点，结合自身记忆，按照规则组织答案即可。在答案的构成上，一般按照

"结论+理由"的形式呈现。在结论和理由的表述上，力求精简准确，强调规则的严谨、正确，不要求长篇大论。

那么，在法考时代，尤其是后民法典时代，民诉法主观题的考查呈现出什么样的新色彩呢？简要地说，就是融合和一体化。在民事程序法的研究和应用过程中，我们慢慢发现，如果仅仅将视野放置于民事程序法的范围内，那么很多具体的制度问题都无法解释，包括证明责任的分配、多数人诉讼形态的判断等。这些制度的立法目的都必须借助实体法的规定和法理来实现。所以，近年来，对民诉法研究的关注点开始突破单纯的程序规则，越来越多的学者和实务界人士开始关注民法和民诉法的衔接问题。这一改变已然成为一种学术潮流。同时，部分实体法学者也意识到，徒民法不足以自行。实体法再发达，没有良好的程序规则作为保障，权利的实现也将会大打折扣。基于此，实体法和程序法的融合、纠纷解决的一体化、实体权利和程序实现路径的统合考虑，成为目前民事法学领域的新时尚。法律职业资格考试作为与时俱进的重要资格考试，必然因应、反馈这一学科的发展态势。

这样，同学们就很清楚在备考的时候需要注意哪些新事项。那些和实体法紧密结合的部分，包括和民法、公司法或者破产法结合的知识点，都是需要格外留意的。

三 民诉法部分的命题特点和解题技巧

（一）民诉法部分的命题特点

民诉法部分的主观题考试，主要以案例为载体，对同学们所学知识作综合考查。其中，案例的材料部分基本上以真实的事件为原型，在保持法律关系框架不变的基础上作适度改编，以适应考试的需要。因此，近年来民诉法主观题的考查，呈现出以下三方面的特点：

1. 诉讼参与人较多，法律关系复杂。在案情描述方面，摆脱了以前单线的法律关系描述的束缚，开始在一个案例中呈现出多个诉讼标的，并且加入共同诉讼、第三人等特殊元素，这使得大家在对案例的分析上面临着很大的障碍。

2. 虽然考查的是民事诉讼程序，但是又与实体法学科存在交叉，必须借助实体法知识进行分析、解答。近年来，这种学科交叉的倾向越来越明显，以破产制度、保险制度、挂靠制度等民商法制度为载体，"实体法搭台，程序法唱戏"的命题形式也日趋流行。这就要求同学们不但要通晓程序法制度，还要了解实体法规定。

3. 突破了现行法的范畴，在一定程度上考查同学们的理论功底和对学科知识的掌握。其中包括对立法没有规定的内容的考查，对学科基础理论的考查，对前沿、热点问题的见解、认识的考查，这些都体现了法律职业资格考试对同学们的高标准、严要求。

（二）民诉法部分的解题技巧

针对现在的命题趋势，建议大家按照系列思维顺序进行答题，以问题为导向，实现从案例材料到所学知识的还原过程，并能顺利地运用知识解答问题。

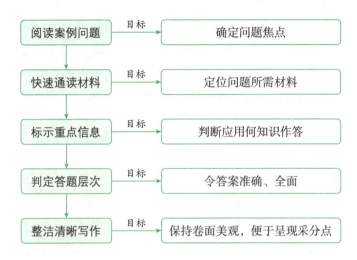

下面，我以2016年卷四第六大题为例，讲解这种解题思路的具体运用。该案例的基本案情为：

陈某转让一辆中巴车给王某但未办过户。王某为了运营，与明星汽运公司签订合同，明确挂靠该公司，王某每月向该公司交纳500元，该公司为王某代交规费、代办各种运营手续、保险等。明星汽运公司依约代王某向鸿运保险公司支付了该车的交强险费用。

2015年5月，王某所雇司机华某驾驶该中巴车致行人李某受伤，交警大队认定中巴车一方负全责，并出具事故认定书。但华某认为该事故认定书有问题，提出虽肇事车辆车速过快，但李某横穿马路没有走人行横道，对事故发生也负有责任。因赔偿问题协商无果，李某将王某和其他相关利害关系人诉至F省N市J县法院，要求王某、相关利害关系人向其赔付治疗费、误工费、交通费、护理费等费用。被告王某委托N市甲律师事务所刘律师担任诉讼代理人。

案件审理中，王某提出其与明星汽运公司存在挂靠关系、明星汽运公司代王某向保险公司交纳了该车的交强险费用、交通事故发生时李某横穿马路没走人行横道等事实；李某陈述了自己受伤、治疗、误工、请他人护理等事实。诉讼中，各利害关系人对上述事实看法不一。李某为支持自己的主张，向法院提交了因误工被扣误工费、为就医而支付交通费、请他人护理而支付护理费的书面证据。但李某声称治疗的相关诊断书、处方、药费和治疗费的发票等不慎丢失，其向医院收集这些证据遭拒绝。李某向法院提出书面申请，请求法院调查收集该证据，J县法院拒绝。

在诉讼中，李某向J县法院主张自己共花治疗费 36 650 元，误工费、交通费、护理费共计 12 000 元。被告方仅认可治疗费用 15 000 元。J县法院对案件作出判决，在治疗费方面支持了 15 000 元。双方当事人都未上诉。

一审判决生效 1 个月后，李某聘请 N 市甲律师事务所张律师收集证据、代理本案的再审，并商定实行风险代理收费，约定按协议标的额的 35% 收取律师费。经律师说服，医院就李某治伤的相关诊断书、处方、药费和治疗费的支付情况出具了证明，李某据此向法院申请再审，法院受理了李某的再审申请并裁定再审。

再审中，李某提出增加赔付精神损失费的诉讼请求，并要求张律师一定坚持该意见，律师将其写入诉状。

针对此案例，出题人连设六问，分别为：

1. 本案的被告是谁？简要说明理由。

2. 就本案相关事实，由谁承担证明责任？简要说明理由。

3. 交警大队出具的事故认定书，是否当然就具有证明力？简要说明理由。

4. 李某可以向哪个（些）法院申请再审？其申请再审所依据的理由应当是什么？

5. 再审法院应当按照什么程序对案件进行再审？再审法院对李某增加的再审请求，应当如何处理？简要说明理由。

6. 根据律师执业规范，评价甲律师事务所及律师的执业行为，并简要说明理由。

按照上述解题思路，首先，我们要做的是对案例的问题进行通读，并快速定位所需信息，将该问题还原为我们学过的知识。就本题而言，可以判断出：①本案的被告是谁？简要说明理由。这一问考查的是当事人，虽然只问了被告是谁，但必须先判定原告是谁。②就本案相关事实，由谁承担证明责任？简要说明理由。这一问虽然考查的是证明责任的分配，但必须先判定案件的待证事实。③交警大队出具的事故认定书，是否当然就具有证明力？简要说明理由。这一问虽然考查的是证明力，但必须先判定该证据的类型。④李某可以向哪个（些）法院申请再审？其申请再审所依据的理由应当是什么？这一问虽然考查的是再审的管辖，但必须先判定双方当事人的基本情况：是否均为公民或者其中某一方人数众多。⑤再审法院应当按照什么程序对案件进行再审？再审法院对李某增加的再审请求，应当如何处理？简要说明理由。这一问虽然考查的是再审适用的程序及审理范围，但必须先判定再审的程序是提审、指令再审还是指定再审。⑥根据律师执业规范，评价甲律师事务所及律师的执业行为，并简要说明理由。这一问虽然考查的是法律职业伦理，但必须先判定律师事务所及律师有什么执业行为，才能进行评价。

其次，快速通读材料，定位相关素材。陈某（转让人，涉及第1问）转让一辆中巴车给王某（受让人，涉及第1问）但未办过户（买卖合同关系，涉及第1问）。王某为了运营，与明星汽运公司签订合同，明确挂靠该公司（挂靠人和被挂靠人，涉及第1问），王某每月向该公司交纳500元，该公司为王某代交规费、代办各种运营手续、保险等。明星汽运公司依约代王某向鸿运保险公司支付了该车的交强险费用（保险合同关系，涉及第1问）。

2015年5月，王某所雇司机华某驾驶该中巴车致行人李某受伤，交警大队认定中巴车一方负全责，并出具事故认定书（事故认定书的证明力，涉及第3问）。但华某认为该事故认定书有问题，提出虽肇事车辆车速过快，但李某横穿马路没有走人行横道，对事故发生也负有责任。因赔偿问题协商无果，李某将王某和其他相关利害关系人诉至F省N市J县法院（一审法院，涉及第4、5问），要求王某、相关利害关系人向其赔付治疗费、误工费、交通费、护理费等费用。被告王某委托N市甲律师事务所刘律师担任诉讼代理人（律师出场，涉及第6问）。

案件审理中，王某提出其与明星汽运公司存在挂靠关系（事实一，涉及第2问）、明星汽运公司代王某向保险公司交纳了该车的交强险费用（事实二，涉及第2问）、交通事故发生时李某横穿马路没走人行横道等事实（事实三，涉及第2问）；李某陈述了自己受伤、治疗、误工、请他人护理等事实（事实四，涉及第2问）。诉讼中，各利害关系人对上述事实看法不一。李某为支持自己的主张，向法院提交了因误工被扣误工费、为就医而支付交通费、请他人护理而支付护理费的书面证据。但李某声称治疗的相关诊断书、处方、药费和治疗费的发票等不慎丢失，其向医院收集这些证据遭拒绝。李某向法院提出书面申请，请求法院调查收集该证据，J县法院拒绝。

在诉讼中，李某向J县法院主张自己共花治疗费36 650元，误工费、交通费、护理费共计12 000元。被告方仅认可治疗费用15 000元。J县法院对案件作出判决，在治疗费方面支持了15 000元。双方当事人都未上诉（一审终审，涉及第4、5问）。

一审判决生效1个月后，李某聘请N市甲律师事务所张律师收集证据、代理本案的再审，并商定实行风险代理收费，约定按协议标的额的35%收取律师费（案涉律师的另外行为，涉及第6问）。经律师说服，医院就李某治伤的相关诊断书、处方、药费和治疗费的支付情况出具了证明，李某据此向法院申请再审，法院受理了李某的再审申请并裁定再审。

再审中，李某提出增加赔付精神损失费的诉讼请求 *(增加诉讼请求，涉及第5问)*，并要求张律师一定坚持该意见，律师将其写入诉状 *(律师的行为，涉及第6问)*。

最后，针对各个问题，结合具体材料进行作答。同学们在答题时应针对问题，怎么问怎么答，切记不要答非所问，并且，要做到逻辑清晰。

第1问 ▶▶ 本案的被告是谁？简要说明理由。

本问考查的是同学们对于当事人制度的把握。一般做这种题目，方法至关重要。我的方法是：先将案例中出现的所有人物的法律关系都整理、分析清楚，然后确定其在实体法上的权利义务关系，最后再判断其在诉讼法上的地位。

从技巧上，我一般借助法律关系图来辅助分析。对于本题，我画成下图：

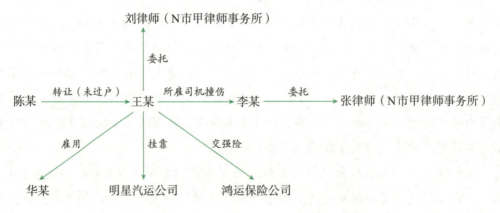

本问中，被侵权人只有李某，所以李某是唯一主张权利的人，在诉讼当中作为原告；李某是被王某所雇司机华某撞伤，而王某和陈某之间是买卖合同关系，王某和明星汽运公司之间是挂靠关系，王某和鸿运保险公司之间是保险合同关系，王某和华某之间是劳务合同关系 *(王某为雇主，华某为雇员)*。

那么，王某一定作为被告，其他四者呢？

首先，华某不可以作为被告。我曾经讲过，提供劳务一方因劳务造成他人损害，受害人提起诉讼的，以接受劳务一方为被告。显然，本题中的华某属于提供劳务的人，而王某才是接受劳务的人，因此，应以王某为被告。

其次，《民法典》第1210条规定："当事人之间已经以买卖或者其他方式转让并交付机动车但是未办理登记，发生交通事故造成损害，属于该机动车一方责任的，由受让人承担赔偿责任。"《民法典》第1213条规定："机动车发生交通事故造成损害，属于该机动车一方责任的，先由承保机动车强制保险的保险人在强制保险责任限额范围内予以赔偿；不足部分，由承保机动车商业保险的保险人按照保险合同的约定予以赔偿；仍然不足或者没有投保机动车商业保险的，由侵权人赔偿。"即使转让机动车未办理过户手续，出让人对于侵权行为也不承担责任；保险公司在交强险的范围内承担赔偿责任，其余责任由侵权人承担。由此，可以明确，鸿运保险公司一定和王某作为共同被告（鸿运保险公司要承担一部分赔偿责任），出让人陈某不能作为共同被告（陈某不承担赔偿责任）。这是因为，未登记不影响动产物权的变动。因此，本题中，该机动车的所有权人已经变为王某，机动车与陈某之间已经没有法律上的关系。

最后，以挂靠形式从事民事活动，当事人请求由挂靠人和被挂靠人依法承担民事责任的，该挂靠人和被挂靠人为共同诉讼人。这也是《最高人民法院关于适用〈中华人民共和国民事诉讼法〉的解释》（以下简称《民诉解释》）第54条的规定："以挂靠形式从事民事活动，当事人请求由挂靠人和被挂靠人依法承担民事责任的，该挂靠人和被挂靠人为共同诉讼人。"也就是说，本题中，被挂靠的明星汽运公司是否承担责任，要看当事人"如何请求"。王某与明星汽运公司之间存在挂靠关系，原告李某可以主张这种挂靠关系，也可以不主张这种挂靠关系。李某主张挂靠关系时，王某与明星汽运公司为共同被告；李某不主张挂靠关系时，明星汽运公司不能作为共同被告。

所以，本题中，华某和陈某一定不能做被告，王某和鸿运保险公司一定作为共同被告，明星汽运公司能不能作为被告要看李某的主张。

综上，本问的答案应分为被告确定和理由说明两部分：

> 　　本案的被告需根据原告的主张加以确定：原告主张挂靠人和被挂靠单位承担责任的，王某、明星汽运公司、鸿运保险公司为共同被告；原告不主张被挂靠单位承担责任的，王某、鸿运保险公司为共同被告。
>
> 　　（理由）明星汽运公司作为王某从事中巴车运营的被挂靠单位，只有在原告请求其和王某依法承担民事责任时，其才为本案的被告。

第2问 ▶▶ 就本案相关事实，由谁承担证明责任？简要说明理由。

按照我之前讲的内容，除了立法有特殊规定的情况外，证明责任分配的一般规则是：谁主张争议的待证事实成立，谁就对该待证事实负担证明责任。

本题中，王某主张了三个事实：①其与明星汽运公司存在挂靠关系；②明星汽运公司代其向鸿运保险公司交纳了该车的交强险费用；③交通事故发生时李某横穿马路没走人行横道。那么，王某应对这三个事实承担证明责任。

李某主张了自己受伤、治疗、误工、请他人护理等事实。所以，李某对其主张成立的事实，应负担证明责任。

这一问特别简单，答案按照逐条分析证明责任的思路组织即可：

> 王某与明星汽运公司存在挂靠关系的事实，由王某承担证明责任；明星汽运公司代王某向鸿运保险公司交纳了该车的交强险费用的事实，由王某承担证明责任；交通事故发生时李某横穿马路没走人行横道的事实，由王某承担证明责任；李某的受伤状况、治疗状况、误工状况、请他人护理状况等事实，由李某承担证明责任。
>
> （理由）诉讼中，在通常情况下，谁提出事实支持自己的权利主张，谁就来承担自己所主张的事实的证明责任。本案上述事实不存在特殊情况，因此应当由相对应的事实主张者承担证明责任。

第3问 ▶▶ 交警大队出具的事故认定书，是否当然就具有证明力？简要说明理由。

要确定交通事故认定书的证明力，首先要搞清楚交通事故认定书的性质。按照我之前讲的判断证据种类的思路，首先排除事故认定书作为勘验笔录和鉴定意见的可能，因为交通事故认定书既非勘验人员作出，也非鉴定人作出。其次，该交通事故认定书不具备高科技载体，排除电子数据和视听资料的可能。最后，该交通事故认定书是交警作出的，交警既不是本案的当事人，也不属于本案的证人（一般而言，事故发生后，交警才会接到报警赶到现场，故而交警并非案件的目击者），所以，交通事故认定书既非当事人陈述，也非证人证言。交通事故认定书是用其内容证明案件事实，因而属于书证，而非物证。

另外，这个知识点可以拓展一下。一般而言，交通事故认定书和交通事故证明书不一样。交通事故认定书除了记录案发的时间、地点、主体和现场情况外，更重要的是对案件的侵权责任分配作出认定。当事人提交该证据主要是为了证明事故责任分配问题。所以，按照大陆法系的理论，将判定了民事责任分配的交通事故认定书作为一种第三方出具的书证使用的，这种书证可以由相反的证据推翻。而交通事故证明书则是在交警无法对事故责任直接作出判断的情况下，出具的对案发时间、地点、主体和现场情况的客观记录。这种证明书，应认定为警察作为目击证人所出具的证人证言。

综上，以上交警制作的两种文书都仅仅是作为证据使用，它们的真实性、合法性、关联性必须经过质证，由法院综合判断、认证，并不具备当然的证明力。法院认定的案件事实和交通事故认定书不符的，以法院认定的事实为准。

解答如下：

> 交警大队出具的事故认定书，不当然具有证明力。
>
> （理由）在诉讼中，交警大队出具的事故认定书只是证据的一种，其所证明的事实与案件其他证据所证明的事实是否一致，以及法院是否确信该事故认定书所确认的事实，法院有权根据案件的综合情况予以判断，即该事故认定书的证明力由法院判断后确定。

第 4 问　李某可以向哪个（些）法院申请再审？其申请再审所依据的理由应当是什么？

这是两个问题，先问再审的管辖，再问再审的事由。当事人一方人数众多或者当事人双方为公民的案件，既可以向上一级法院申请再审，也可以向原审法院申请再审；若不满足当事人一方人数众多或者当事人双方为公民的条件，则只能向上一级法院申请再审。这也是《民事诉讼法》第 210 条的规定："当事人对已经发生法律效力的判决、裁定，认为有错误的，可以向上一级人民法院申请再审；当事人一方人数众多或者当事人双方为公民的案件，也可以向原审人民法院申请再审。当事人申请再审的，不停止判决、裁定的执行。"本案中，双方当事人中有保险公司，并不都是公民，且双方当事人中的任何一方也都达不到 10 人以上的标准，所以只能向上一级法院申请再审。因为 J 县法院对案件作出判决后，双方当事人都未上诉，所以本案的终审法院就是 J 县法院，其上一级法院为 F 省 N 市中级法院。

当事人申请再审共有十三项事由，这也是《民事诉讼法》第 211 条的规定："当事人的申请符合下列情形之一的，人民法院应当再审：①有新的证据，足以推翻原判决、裁定的；②原判决、裁定认定的基本事实缺乏证据证明的；③原判决、裁定认定事实的主要证据是伪造的；④原判决、裁定认定事实的主要证据未经质证的；⑤对审理案件需要的主要证据，当事人因客观原因不能自行收集，书面申请人民法院调查收集，人民法院未调查收集的；……"题干中提到，"李某向法院提出书面申请，请求法院调查收集该证据，J 县法院拒绝"，这就是当事人因客观原因不能自行收集相关证据，书面申请法院调查收集，法院未调查收集的情形，也就是我们总结口诀中的"应收未收集"。题干中还提到，"经律师说服，医院就李某治伤的相关诊断书、处方、药费和治疗费的支付情况出具了证明，李某据此向法院申请再审"，这是上述十三项事由中的"有新的证据"。

综上，本问的答案为：

> 李某可以向 F 省 N 市中级法院申请再审。
>
> （理由）根据《民事诉讼法》第 210 条的规定，再审申请原则上应当向原审法院的上一级法院提出。本案不存在可以向原审法院申请再审的法定事由。
>
> 李某申请再审所依据的理由为：①对审理案件需要的主要证据，当事人因客观原因不能自行收集，书面申请法院调查收集，法院未调查收集；②有新的证据，足以推翻原判决。

第 5 问 再审法院应当按照什么程序对案件进行再审？再审法院对李某增加的再审请求，应当如何处理？简要说明理由。

本问依然包含两个问题，先问再审的审理程序，后问对再审增变反的处理。本案属于基层法院一审终审，当事人向上一级法院申请再审的，上一级法院只能提审。提审一律适用二审程序进行再审。

在再审中增变反，属于在再审中提出了新的诉讼请求，而再审只是为了纠正旧的错误，对新的请求一律不予处理。这也就是《民诉解释》第 403 条第 1 款规定的再审的审理范围："人民法院审理再审案件应当围绕再审请求进行。当事人的再审请求超出原审诉讼请求的，不予审理；符合另案诉讼条件的，告知当事人可以另行起诉。"李某提出的增加赔付精神损失费的诉讼请求，在原审当中没有提出，属于典型的在再审中增加的新请求，因此，法院应当不予受理。本来是应该告知当事人另诉，但是，这道题非常特殊，因为精神损害赔偿请求应和物质损害赔偿请求一并提出，如果物质损害赔偿请求提出后，单独提出精神损害赔偿请求，那么即便不是在再审中，法院也不审理。所以，本案也不属于可以另诉的案件，法院既不应受理，也不应告知李某另诉（因为不允许另诉）。

答案部分对两个问题分别陈述：

> 再审法院应当按照二审程序对案件进行再审。因为受理并裁定对案件进行再审的，是原审法院的上一级法院，应当适用二审程序对案件进行再审。
>
> 再审法院对李某增加的要求被告赔付精神损失费的再审请求不予受理；且该请求也不属于可以另行起诉的情形，再审法院也不可告知李某另行起诉。
>
> （理由）当事人在侵权诉讼中没有提出赔偿精神损害的诉讼请求，诉讼终结后又基于同一侵权事实另行起诉请求赔偿精神损害的，法院不予受理。

第6问 根据律师执业规范，评价甲律师事务所及律师的执业行为，并简要说明理由。

既然这一问考查律师执业规范，我们就应先将题目中和律师行为有关的内容摘录出来，这样做题才能比较稳妥。本题中和律师有关的行为包括：

行为一： 被告王某委托N市甲律师事务所刘律师担任诉讼代理人。

行为二： 李某（原告）聘请N市甲律师事务所张律师收集证据、代理本案的再审，并商定实行风险代理收费，约定按协议标的额的35%收取律师费。

行为三： 经律师说服，医院就李某治伤的相关诊断书、处方、药费和治疗费的支付情况出具了证明，李某据此向法院申请再审，法院受理了李某的再审申请并裁定再审。

行为四： 再审中，李某提出增加赔付精神损失费的诉讼请求，并要求张律师一定坚持该意见，律师将其写入诉状。

然后就可以开始分析。本题中，律师有的行为符合执业行为规范，有的行为违反了执业行为规范，所以要逐一分析：

首先，对于行为一和行为二，原告和被告委托的是同一个律所的律师。这是不被允许的。两个律师在私下有联系，存在损害当事人利益的可能。因此，《律师执业行为规范（试行）》第51条规定："有下列情形之一的，律师及律师事务所不得与当事人建立或维持委托关系：……⑦在委托关系终止后，同一律师事务所或同一律师在同一案件后续审理或者处理中又接受对方当事人委托的；……"

其次，对于行为二，甲律师事务所张律师实行风险代理收费，约定按协议标的额的35%收取律师费，这也违反了执业规范。虽然风险代理是被允许的，但根据《关于进一步规范律师服务收费的意见》的规定，实行风险代理，按标的额的一定比例收费的，最高不得超过标的额的18%。

最后，对于行为四，《律师执业行为规范（试行）》第44条规定："律师根据委托人提供的事实和证据，依据法律规定进行分析，向委托人提出分析性意见。"在上文中我们提到过，当事人提出精神损害赔偿的新请求的，法院不可能受理。可是本案中，李某提出增加赔付精神损失费的诉讼请求，并要求张律师一定坚持该意见，该律师竟然将其写入诉状，而未为其提供分析和建议，没有勤勉地履行当事人委托其进行诉讼代理的职责。

至于行为三，没有违反律师执业行为规范。

按照上述分析组织答案：

（1）张律师可以适用风险代理，约定风险代理收费，既可以按照固定的金额收费，也可以根据标的额的比例收费，但最高不得超过标的额的18%；

（2）甲律师事务所张律师担任李某的诉讼代理人，违反了《律师执业行为规范（试行）》第51条第7项的规定；

（3）李某增加诉讼请求不符合有关规定（理由如前），张律师应指出而未指出，有违"以事实为根据，以法律为准绳"的执业原则及勤勉尽责的要求。

三 本学科重点考点框架和考频情况

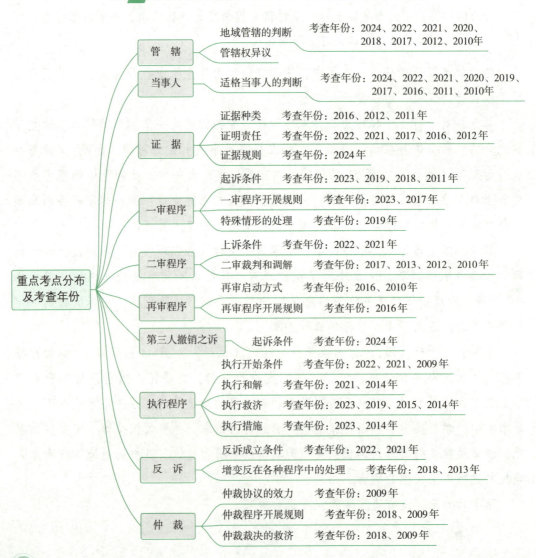

地域管辖的判断 —— 考查年份：2024、2022、2021、2020、2018、2017、2012、2010年
管 辖 —— 管辖权异议

当事人 —— 适格当事人的判断 —— 考查年份：2024、2022、2021、2020、2019、2017、2016、2011、2010年

证 据 —— 证据种类 —— 考查年份：2016、2012、2011年
证明责任 —— 考查年份：2022、2021、2017、2016、2012年
证据规则 —— 考查年份：2024年

一审程序 —— 起诉条件 —— 考查年份：2023、2019、2018、2011年
一审程序开展规则 —— 考查年份：2023、2017年
特殊情形的处理 —— 考查年份：2019年

二审程序 —— 上诉条件 —— 考查年份：2022、2021年
二审裁判和调解 —— 考查年份：2017、2013、2012、2010年

再审程序 —— 再审启动方式 —— 考查年份：2016、2010年
再审程序开展规则 —— 考查年份：2016年

第三人撤销之诉 —— 起诉条件 —— 考查年份：2024年

执行程序 —— 执行开始条件 —— 考查年份：2022、2021、2009年
执行和解 —— 考查年份：2021、2014年
执行救济 —— 考查年份：2023、2019、2015、2014年
执行措施 —— 考查年份：2023、2014年

反 诉 —— 反诉成立条件 —— 考查年份：2022、2021年
增变反在各种程序中的处理 —— 考查年份：2018、2013年

仲 裁 —— 仲裁协议的效力 —— 考查年份：2009年
仲裁程序开展规则 —— 考查年份：2018、2009年
仲裁裁决的救济 —— 考查年份：2018、2009年

重点考点分布及考查年份

目 录 CONTENTS

当事人确定

当事人部分在主观题考查中是比较重要的内容。在题目中，本讲一般体现为要求确定发生纠纷后诉讼中的主体。这种考查方法要求同学们具备良好的实体法功底，同时具备清晰的解题思路，能够熟练运用程序法的基本原理和制度。

民事诉讼法中，原告、被告、第三人、共同诉讼人、诉讼代表人都属于当事人范畴；诉讼代理人不属于当事人范畴，但和当事人联系非常密切。

本讲的内容聚焦于以下四个具体考点，而按照这四个考点排列的前后顺序进行分析，就是解决当事人问题的思路。按照这样的解题思路，就能很好地得出正确结论。当然，考试中也可能只考查某一考点，所以同学们只需要把每部分的考点掌握清楚，最后统一整理思路即可。

考
点
01

01

找到适格当事人

对于适格当事人的判断，主要依据的是《民事诉讼法》第 122 条的规定。《民事诉讼法》第 122 条规定，起诉必须符合的主体条件包括：①原告是与本案有直接利害关系的公民、法人和其他组织；②有明确的被告。

对此法条的应用，很重要的一点就是在判断是否可以作为本案的当事人时，主要依据第 1 项和第 2 项的内容。在主观题中，我们从三个方面来解读和把握它：

01 适格当事人是谁	02 原、被告要求不同	03 什么算被告明确
要作为当事人，必须是该案件争议的民事实体法律关系的主体，这就是我们说的适格当事人。若不是本案民事实体法律关系的主体，则认定当事人不适格或非正当当事人。在答题的时候，就认定其不应作为当事人。	原告要求必须适格，但被告并不需要适格，只需要明确就行。	通过被告的信息能够将被告特定化，确定参加诉讼的具体个体就可以。（如提供姓名+住址或者身份证号等）

 一招制敌 判断适格当事人的具体解题方法为，找到本案中各个主体之间形成的具体的民法或者商经法上的法律关系，然后判断究竟何主体是该法律关系的权利人和义务人。

❶注意：适格当事人和形式上的当事人是不同的。适格当事人是实质上的当事人。例如，王某起诉，要求解除高某和孙某的合同。此时，王某虽然被法院列为当事人（起诉的原告），但其只是形式上的当事人，因为其不属于合同关系的主体，无权起诉解除合同，因此，其不属于实质的主体，即不属于适格原告，法院应裁定不予受理或者受理之后驳回起诉。

迷你案例

案情：阎某于2017年2月8日诉至一审法院，称其于2009年遗嘱继承了舅父王某某坐落于向阳埠村的四间民房。2014年后，王某以其享有叔父王某某的房产为由，擅自在该宅院重新建房，并将院内一口取水井填毁，后某市城管部门强行拆除了王某所建违法构筑物的顶部，但主要墙体尚在。2016年11月17日，王某利用夜间强行拆毁两面山墙及屋脊。为了防止房屋倒塌，阎某雇人对房屋进行了抢修，花费27 292元。王某行为严重侵害了阎某的合法财产，应承担赔偿责任。

问题：

1. 起诉的阎某是否是本案的适格当事人？

2. 对于本案，受理案件的法院应如何处理？

[分析思路] 因为本案系侵权纠纷诉讼，阎某要作为适格当事人参加诉讼，必须是本案争议的法律关系的主体，在本案中应该是被侵权财产的所有权人。但阎某、王某对案涉房屋权属存在争议，因案涉房屋涉及被继承人王某某之遗产，故权属争议应当通过继承纠纷诉讼进行确定。换言之，继承纠纷诉讼属于本案诉讼得以受理的前置程序。侵权纠纷与继承纠纷非同一法律关系，不应合并处理。

目前双方尚未提起继承纠纷诉讼，故无法认定阎某与本案诉讼标的是否存在直接利害关系。阎某、王某可待房屋权属确定后再处理本案纠纷。

刘鹏飞主观题

　　所以，法院应依照《民事诉讼法》第 122 条第 1 项、第 157 条第 1 款第 3 项以及《民诉解释》第 208 条第 3 款的规定，裁定驳回阎某的起诉。

　　答案：

　　1. 阎某不是本案的适格当事人。因目前双方尚未提起继承纠纷诉讼，故无法认定阎某与本案诉讼标的是否存在直接利害关系。

　　2. 法院应裁定驳回起诉。法院已经受理案件，发现不符合起诉条件的，应裁定驳回起诉。当事人可以向法院另行起诉，确认遗产产权归属。

　　[法条链接]

　　《民事诉讼法》第 157 条　裁定适用于下列范围：

　　（一）不予受理；

　　（二）对管辖权有异议的；

　　（三）驳回起诉；

　　（四）保全和先予执行；

　　（五）准许或者不准许撤诉；

　　（六）中止或者终结诉讼；

　　（七）补正判决书中的笔误；

　　（八）中止或者终结执行；

　　（九）撤销或者不予执行仲裁裁决；

　　（十）不予执行公证机关赋予强制执行效力的债权文书；

　　（十一）其他需要裁定解决的事项。

　　对前款第 1 项至第 3 项裁定，可以上诉。

　　裁定书应当写明裁定结果和作出该裁定的理由。裁定书由审判人员、书记员署名，加盖人民法院印章。口头裁定的，记入笔录。

　　《民诉解释》第 208 条　人民法院接到当事人提交的民事起诉状时，对符合民事诉讼法第 122 条的规定，且不属于第 127 条规定情形的，应当登记立案；对当场不能判定是否符合起诉条件的，应当接收起诉材料，并出具注明收到日期的书面凭证。

　　需要补充必要相关材料的，人民法院应当及时告知当事人。在补齐相关材料后，应当在 7 日内决定是否立案。

　　立案后发现不符合起诉条件或者属于民事诉讼法第 127 条规定情形的，裁定驳回起诉。

考点 01

　　考点点拨

　　要注意对比适格当事人和非权利义务主体当事人这两个概念的区别：

　　一般而言，能参加诉讼且受裁判约束的，应是争议的法律关系的主体，即适格当事人。但也存在非权利义务主体当事人，也就是说下面这些主体，如果出现在题目中，即便不是法律关系的主体，也可以作为当事人参加诉讼。

这种所谓的非权利义务主体当事人具体包括：死者的近亲属、遗嘱执行人[1]、公益诉讼的原告。他们起诉或者应诉一般不是为了保护自己的利益，但是依然是参加诉讼的恰当主体。

 迷你案例

案情：某村村民小组作为当事人提起诉讼，提出要求王某、杨某某恢复现位于该村的某处平房原状，并要求王某、杨某某找回十三世祖婆遗骨并原地安葬，赔偿精神损害抚慰金等诉讼请求。《土地房产所有证》记载，该处平房的权属人是该村居民丘某等人。

问题：以上村民小组是否具备提出上述诉讼请求的资格呢？

刘鹏飞 主观题

[分析思路] 在本案中，当事人提出了三个诉讼请求，即要求恢复平房原状、要求被告找回十三世祖婆遗骨并原地安葬、要求赔偿精神抚慰金。这就涉及对当事人主体资格的分析问题。

首先，关于恢复案涉平房原状的诉讼主体问题。《民法典》第237条规定："造成不动产或者动产毁损的，权利人可以依法请求修理、重作、更换或者恢复原状。"题目中说明，案涉平房的权属人是该村居民丘某等人。本案是就恢复房屋原状提起的诉讼，该村村民小组并非权属人，其作为原告提起诉讼，主体不适格。关于此诉讼请求，丘某等人才是适格主体。

其次，关于找回十三世祖婆遗骨并原地安葬的诉讼主体问题。根据《民诉解释》第69条"对侵害死者遗体、遗骨以及姓名、肖像、名誉、荣誉、隐私等行为提起诉讼的，死者的近亲属为当事人"的规定，应由十三世祖婆的近亲属作为当事人提起诉讼，该村村民小组作为原告提起诉讼亦属主体不适格。根据《民诉解释》第333条的规定，确定当事人主体资格属于《民事诉讼法》第177条第1款第3项规定的基本事实。所以，村民小组本身无法作为提出找回十三世祖婆遗骨并原地安葬诉讼请求的当事人。

最后，关于精神损害赔偿问题。村民小组本身虽然可以作为民事诉讼法上规定的其他组织参加诉讼，但其他组织无权请求精神损害赔偿，并不是提出精神损害赔偿请求的适格主体。有权提出精神损害赔偿请求的适格主体应当是十三世祖婆的近亲属。

答案：以上村民小组不具备提出上述诉讼请求的资格。因为村民小组并不是平房的物权所有人，亦非十三世祖婆的近亲属，更不是精神损害的受侵害主体，因此，其不是适格原告，无权提出相应诉讼请求。

---

[1] 根据我国《民法典》继承编的规定，遗嘱人可以指定遗嘱执行人。遗嘱执行人执行遗嘱时，应当按照遗嘱人的意愿忠实地履行自己的职责。遗嘱执行人负责保管遗产，并有权提起关于排除妨害继承的诉讼以及参与有关的诉讼活动。

[法条链接]

《民法典》第 237 条　造成不动产或者动产毁损的，权利人可以依法请求修理、重作、更换或者恢复原状。

《民事诉讼法》第 177 条　第二审人民法院对上诉案件，经过审理，按照下列情形，分别处理：

（一）原判决、裁定认定事实清楚，适用法律正确的，以判决、裁定方式驳回上诉，维持原判决、裁定；

（二）原判决、裁定认定事实错误或者适用法律错误的，以判决、裁定方式依法改判、撤销或者变更；

（三）原判决认定基本事实不清的，裁定撤销原判决，发回原审人民法院重审，或者查清事实后改判；

（四）原判决遗漏当事人或者违法缺席判决等严重违反法定程序的，裁定撤销原判决，发回原审人民法院重审。

原审人民法院对发回重审的案件作出判决后，当事人提起上诉的，第二审人民法院不得再次发回重审。

《民诉解释》

第 69 条　对侵害死者遗体、遗骨以及姓名、肖像、名誉、荣誉、隐私等行为提起诉讼的，死者的近亲属为当事人。

第 333 条　民事诉讼法第 177 条第 1 款第 3 项规定的基本事实，是指用以确定当事人主体资格、案件性质、民事权利义务等对原判决、裁定的结果有实质性影响的事实。

考点
02

02

找到适格当事人后的具体主体判断

若该主体属于适格当事人，在具体案件中，有三类人可以作为当事人。但是这三类主体的当事人身份究竟应如何表达，具体规则为：

一、若主体为公民

公民就是自然人。公民要作为当事人，必须具备民事诉讼权利能力，民事诉讼权利能力要求公民已经出生、尚未死亡。因此，未成年人、精神病人和植物人都可以作为当事人参加诉讼。只是此时，当事人欠缺诉讼行为能力，需要为其确定法定代理人（只有其监护人可以作为法定代理人）。考试中可能涉及的公民有以下几种情况：

（一）个体工商户

《民法典》第 54 条规定："自然人从事工商业经营，经依法登记，为个体工商户。个体工商户可以起字号。"《民法典》第 56 条第 1 款规定："个体工商户的债务，个人经营的，以个人财产承担；家庭经营的，以家庭财产承担；无法区分的，以家庭财产承担。"

对这两个关联法条的理解，包括以下三个要点：

1. 个体户的界定

个体工商户是依法登记、领取个体工商户营业执照的公民。

2. 个体户作为当事人的规则

个体户有字号的，以营业执照上登记的字号为当事人，同时注明经营者信息。个体户无字号的，以营业执照上登记的经营者为当事人，登记经营者和实际经营者不一致的，二者为共同诉讼人。

3. 个体户的责任

在民事诉讼法上，个体户作为诉讼的当事人；在民法上，个体户的财产就是责任财产。

考点点拨

个体户和个人独资企业是不同的，很多同学容易搞混这个问题。我们可以从以下两个角度进行分析和区别：

1. 个人独资企业必须要有固定的生产经营场所和合法的企业名称，所以一般规模更大，而个体工商户可以不起字号名称，也可以没有固定的生产经营场所而流动经营，往往规模很小。

换句话说，合法的企业名称和固定的生产经营场所是个人独资企业的成立要件，但不是个体工商户的成立要件。

2. 个体工商户的投资者与经营者是同一人，都必须是投资设立个体工商户的自然人。而个人独资企业的投资者与经营者可以是不同的人，投资人可以委托或聘用他人管理个人独资企业事务。

迷你案例

案情：原告高某系经营煤炭销售的个体经营者，被告众成保温厂系经营玻化微珠、闭孔珍珠岩及制品、保温板、保温材料加工销售的个体工商户，被告胡某是其工商登记的经营者。2014 年 3 月至 6 月期间，被告众成保温厂因生产加工需要从原告处购买燃煤，并因此和高某产生买卖合同纠纷。本案在审理过程中，法院通过工商登记信息查询到，被告众成保温厂已于原告起诉前登记注销，一审法院判决胡某承担相应责任。胡某上诉称一审法院判决错误，自己不具备当事人资格。

问题：胡某是否具备本案的主体资格？

[分析思路] 我们可以判断和本案有直接利害关系的主体就是高某和胡某。但由于二者都属于个体工商户，所以在判断具体的当事人的时候，还必须运用相关的知识。个体工商户的债务，个人经营的，以个人财产承担。被告胡某作为被告众成保温厂工商登记的经营者从原告高某处采购燃煤，双方形成买卖合同关系。《民诉解释》第59条第1款规定，在诉讼中，个体工商户以营业执照上登记的经营者为当事人。有字号的，以营业执照上登记的字号为当事人，但应同时注明该字号经营者的基本信息。本案中，因被告胡某是被告众成保温厂工商登记的经营者，应以众成保温厂作为被告。但被告众成保温厂已于原告起诉前依法登记注销，已丧失继续参与诉讼及承担责任的主体资格，其债权债务应当由实际经营者承担，相当于本案的被告没有字号，所以，原告要求被告胡某承担责任的请求，事实清楚，于法有据。

答案：胡某具备本案的主体资格。高某和胡某是本案的直接利害关系人，且因被告胡某是被告众成保温厂工商登记的经营者，应以众成保温厂作为被告。但被告众成保温厂已于原告起诉前依法登记注销，已丧失继续参与诉讼及承担责任的主体资格，其债权债务应当由实际经营者承担。

[法条链接]《民诉解释》第59条　在诉讼中，个体工商户以营业执照上登记的经营者为当事人。有字号的，以营业执照上登记的字号为当事人，但应同时注明该字号经营者的基本信息。

营业执照上登记的经营者与实际经营者不一致的，以登记的经营者和实际经营者为共同诉讼人。

考点
02

（二）提供劳务的人

1. 按照《民诉解释》第57条的规定，提供劳务一方因劳务造成他人损害，受害人提起诉讼的，以**接受劳务一方**为被告。这个规则是我们在考试中确定劳务合同当事人关系的主要依据。

❶注意：在民法上，接受劳务的人承担的是**无过错的替代责任**。不管接受劳务的人有没有过错，都要承担责任。

考点点拨

劳务合同和加工承揽合同履行过程中造成侵权，当事人确定方面区别非常明显，大家记住下列规则：

⊙ 履行劳务合同产生侵权，受害人一般应告雇主。
⊙ 履行承揽合同产生侵权，受害人一般应告雇员（承揽人）。

2. 在劳务派遣期间，被派遣的工作人员因执行工作任务造成他人损害的，可以以派遣单位为被告，也可以以接受劳务派遣的用工单位为被告。当事人主张二者均承担责任的，派遣单位和用工单位为共同被告。在实体法方面，二者承担按份责任，在程序法方面，本案构成普通共同诉讼。

⓿ **注意**：在多数人责任和共同诉讼的对应关系方面，可以记住一条规律：在民法上承担按份责任的主体，如果在民事诉讼中被一并起诉，一般构成的都是普通共同诉讼。

一招制敌 在劳务派遣侵权案件中，受害人可以单独起诉用工单位。受害人和用工单位都没有主张派遣单位承担责任的，法院可以对此进行释明，由当事人决定是否进行追加。当事人不要求追加的，法院不可以主动追加。

迷你案例

案情：冷某被与其签订劳动合同的北京某劳务派遣有限公司派遣到福田公司进行顶岗工作。2013年，冷某在一次检修机械的过程中，因脚手架故障，从脚手架上跌落，砸伤恰好路过给食堂送菜的王某。王某和冷某均受伤，被送往北京某医院进行住院治疗。冷某和王某将相关责任人诉至法院，要求损害赔偿。

问题：

1. 若王某就自己受伤造成的损失提起诉讼，可以以何主体作为本案的被告？

2. 若冷某将福田公司和劳务公司作为共同被告诉至法院，福田公司向法院承认在自己公司和劳务公司合作过程中，双方都没有尽到安全保障义务，该承认对劳务公司效力如何？

[分析思路] 根据相关事实，冷某被劳务公司派遣至福田公司进行工作，在工作中造成了王某受伤。

若王某起诉，此时劳务公司和福田公司承担按份责任，王某可以择一起诉，亦可将二者作为共同被告起诉。而对于冷某所受到的伤害，劳务公司和福田公司未尽充分安全保障义务，冷某将劳务公司和福田公司作为共同被告诉至法院，二者则应当承担连带赔偿责任。所以，虽然劳务公司和福田公司作为共同被告，但二者的行为只对自己生效，福田公司在诉讼中向法院承认对自己不利的事实，构成自认，但该自认只对其有效，不能据此认为劳务公司也未尽到安全保障义务的事实也属免证事实。冷某要证明劳务公司未尽到安保义务，仍然需要提供证据加以证明。

答案：

1. 若王某就自己受伤造成的损失提起诉讼，可以将劳务公司和福田公司作为共同被告，也可以单独起诉福田公司或者劳务公司。因为劳务公司是用人单位，而福田公司属于用工单位，二者应承担按份责任。

2. 若冷某将福田公司和劳务公司作为共同被告诉至法院，此时，福田公司和劳务公司承担连带责任，本案属于必要共同诉讼。福田公司在诉讼中向法院承认对自己不利的事实的，只有在劳务公司也承认自己未尽到安全保障义务时，对二者才都构成自认；若劳务公司不承认该事实，则自认不成立。

二、若主体为法人

（一）关于法人注销的问题

《民诉解释》第64条规定，企业法人解散的，依法清算并注销前，以该企业法人为当事人；未依法清算即被注销的，以该企业法人的股东、发起人或者出资人为当事人。

对此法条，可以分为三个层次予以把握：

1. 法人的诉讼权利能力始于登记注册，终于注销。

🅾注意：是注销，不是吊销营业执照。营业执照被吊销后，法人还活着，法人还可以作为当事人参加诉讼。

2. 若法人尚未被注销，法人为当事人，法定代表人代表其参加诉讼；法人尚未被注销，但进入清算阶段的，法人为当事人，由清算组负责人代表其参加诉讼（相当于法人权利能力还在，行为能力受限）；法人未经清算即被注销的，以法人的股东、发起人或者出资人为当事人。

3. 若法人经过清算才被注销，不能对其提起诉讼。此时，法人承担的有限责任已经清算完毕，如果有未实现债权，不能再实现，即也不可以再起诉该企业法人的股东、发起人或者出资人。

迷你案例

案情：李某与某运输有限公司因分期付款买卖合同产生纠纷，该运输有限公司作为原告于2015年7月14日向一审法院提起诉讼。一、二审判决作出后，再审申请人李某不服一审法院作出的民事判决，向河北省高级人民法院申请再审，河北省高级人民法院于2017年10月作出民事裁定书，指令二审法院再审本案。被申请人该运输有限公司辩称，被申请人已于2012年11月20日注销。再审期间，该运输有限公司股东赵某1、赵某2向法院书面申请参加本案诉讼，依法主张原该运输有限公司未清算的债权。

问题：对于本案发生的当事人变动，法院应如何处理？

[分析思路] 通过本案所描述的案情，大家可以发现，本案一审原告该运输有限公司提起本案诉讼的时间为2015年7月14日，而该公司已于2012年11月20日经市场管理部门登记注销，其提起本案诉讼时，已不具备民事主体资格，当然也已不具备民事诉讼主体资格。根据《民诉解释》第64条的规定，企业法人解散的，依法清算并注销前，以该企业法人为当事人；未依法清算即被注销的，以该企业法人的股东、发起人或者出资人为当事人。作为已注销的该运输有限公司股东，赵某1、赵某2在本案再审期间，向法院书面申请

考点 02

参加本案诉讼，依法主张原该运输有限公司未清算的债权。该请求符合法律规定，但法院适用二审程序的再审程序中不能直接变更当事人。这是因为本案是指令二审法院再审，故再审适用二审程序，若变更当事人后，新当事人只能参加一次以二审程序审理的再审程序，本来可以上诉的新当事人却没有办法再上诉，就会剥夺新当事人的上诉权，故原一、二审判决以已注销的企业法人作为本案诉讼当事人，违反法定程序，依法应予撤销，并将本案发回一审法院，将本案原告变更为赵某1、赵某2后，重新审理。

答案：对于本案发生的当事人变动，法院应撤销原判，发回一审法院重审。因为企业法人被注销后，不具备当事人能力，而原一、二审判决以已注销的企业法人作为本案诉讼当事人，严重违反法定程序，法院应予以发回重审。

（二）法人工作人员的职务行为

关于职务行为的当事人确定：

法人的工作人员执行工作任务造成他人损害的，该法人为当事人；其他组织的工作人员执行工作任务造成他人损害的，该组织为当事人。

 注意：此时既不能告工作人员，更不允许将法人或其他组织和工作人员作为共同被告。

考点点拨

在考试中，与商法结合的诉讼一般涉及以下三种，这三种诉讼突破了诉讼法中关于法人作为当事人确定的一般要求，作为特殊的规则，大家要着重掌握其特殊之处：

1. 公司直接诉讼

公司可以起诉违反法律、行政法规或者公司章程的规定，执行公司职务时给公司造成损失的董事、监事、高级管理人员。以公司为原告对上述人员提起诉讼，由监事会主席或者监事代表公司参加诉讼。监事作为被告的，由董事长或执行董事代表公司参加诉讼。

2. 股东代表诉讼

有限责任公司的股东、股份有限公司连续180日以上单独或者合计持有公司1%以上股份的股东，可以书面请求监事会或者不设监事会的有限责任公司的监事（起诉董事或高级管理人员时）或是董事会或者不设董事会的有限责任公司的执行董事（起诉监事时）代表公司向人民法院提起诉讼，若公司不起诉，上述股东可以以自己的名义向法院起诉董事、监事、高级管理人员。股东代表诉讼提出后，符合条件的其他股东起诉的，列为共同原告。

 注意：因公司和本案处理结果具备法律上的利害关系，因此公司可以作为无独立请求权第三人参加诉讼。

3. 解散公司诉讼

股东提起解散公司诉讼应当以公司为被告，单独或者合计持有公司全部股东表决权10%以上的股东为适格原告。其他股东可以作为共同原告或者无独三参加诉讼。

迷你案例

案情：某公司经工商部门核准登记，注册资本为 75 万元。该公司章程载明，张某与胡某、于某（张某与胡某、于某系翁婿关系）作为该公司股东，各自出资 25 万元，执行董事为公司法定代表人，于某担任该公司执行董事，胡某担任该公司监事。2004 年 2 月，于某从该公司取走了公章、合同专用章、财务专用章、北京市纳税单位代码章、地税税务计算机代码章、张某人名章（银行预留印章）、营业执照（正、副本各一）、税务登记证副本、中华人民共和国组织机构代码证，置放在其家中，造成公司无法正常运营。现张某经与于某、胡某协商未果诉至法院，要求于某返还公司经营用的证照、印章和财务手续。

问题：张某起诉是否符合法定要求？

[分析思路] 于某从公司取走的该公司公章、合同专用章等印章和营业执照等证照以及财务单据，均属该公司所有，而非执行董事或公司股东个人所有。于某将上述物品取走并置放于其家中的行为显属不当，并致使公司的经营活动无法正常开展，故于某的行为已构成对公司的侵权。这种情况应由公司的法定代表人于某代表公司提起诉讼，但在于某本人就是侵权人的情况下，显然于某不会起诉。所以，张某作为该公司股东，可以书面请求公司监事胡某代表公司起诉，但题目中明确说明"协商未果"，显然胡某也不愿意代表公司起诉。因此，在该公司利益遭受于某不当行为损害，且穷尽了请求救济的渠道而未果的情况下，为防止公司利益遭受进一步的损害，张某代表公司提起股东代表诉讼，符合民事诉讼法和公司法法理，法院对其请求应予以支持。

答案：张某起诉符合法定要求。于某的行为侵害了公司的利益，监事胡某不愿意代表公司起诉，张某代表公司提起股东代表诉讼，符合股东代表诉讼的起诉条件。

三、若主体为其他组织

考试中需要掌握的其他组织包括：

（一）个人独资企业

个人独资企业，是指为个人出资经营、归个人所有和控制、由个人承担经营风险和享有全部经营收益的企业。

个人独资企业不是法人，一人出资成立的法人为一人公司。以独资经营方式经营的独资企业的经营者承担无限责任，破产时债权人可以执行经营者的个人财产。

依法登记、领取营业执照的个人独资企业可以作为当事人（企业的字号作为原告或者被告）。

（二）合伙企业[1]

依法登记、领取营业执照的合伙企业可以作为当事人。

合伙企业，是指由各合伙人订立合伙协议、共同出资、共同经营、共享收益、共担风险，并对企业债务承担责任的营利性组织。

合伙企业分为普通合伙企业和有限合伙企业。普通合伙企业的合伙人对企业债务承担无限连带责任，若企业的财产不足以清偿，可以在执行中追加合伙人作为被执行人。

🛈 注意：个人独资企业和合伙企业的出资人均为自然人，对企业债务都承担无限责任，都属于诉讼主体中的非法人组织，这是二者的相同之处。但二者也有显著的差异，这一点可以从以下三方面加以理解：

1. 投资人人数不同。个人独资企业的出资人仅为1人，合伙企业为2人以上。

2. 财产归属不同。个人独资企业的财产归出资人一人所有，合伙企业的财产由全体合伙人共有。

3. 责任承担有所不同。个人独资企业仅由出资人一人承担无限责任，普通合伙企业则由全体合伙人承担无限连带责任。

刘鹏飞 主观题

考点点拨

在主观题考试中，经常有同学混淆合伙企业和个人合伙这两个概念。对于这两个概念，我们区分的方法主要是看其是否领取了营业执照：

1. 若无营业执照则为个人合伙

个人合伙，是指2个以上的公民按照协议，各自提供资金、实物、技术等，合伙经营、共同劳动。个人合伙可以起字号，依法经核准登记，在核准登记的经营范围内从事经营。个人合伙的经营活动，由合伙人共同决定，合伙人有执行和监督的权利。合伙人可以推举负责人。合伙负责人和其他人员的经营活动，由全体合伙人承担民事责任。发生诉讼的时候，以合伙人为当事人。

举个小例子，甲、乙二人从山西贩卖一车柿子到北京销售，因运输公司违约导致未能及时运抵，柿子腐坏。此时，若起诉运输公司承担违约责任，因甲、乙未领取营业执照，属于个人合伙，则应由二者作为共同原告。

2. 若有营业执照则为合伙企业，才能够以企业作为当事人。

---

〔1〕 合伙企业，是自然人、法人和其他组织依照《合伙企业法》在中国境内设立的，由2个以上的合伙人通过订立合伙协议，共同出资经营、共负盈亏、共担风险的企业组织形式。

迷你案例

案情：原告张某、刘某签订合伙开矿协议，其后，原告刘某与被告谢某1签订了一份《挖掘机租赁协议》，约定由甲方（刘某）承租乙方（谢某1）的挖掘机。同年4月13日，谢某1雇用的挖掘机工作人员被告谢某2擅自将该挖掘机停在某处，未运送给刘某。

2014年7月15日，张某以租赁合同纠纷为由，将谢某1、谢某2列为被告，诉至法院。一审法院依职权追加刘某作为共同原告，并依照相关法律规定，判决：①被告谢某1于判决生效之日起10日内向原告张某、刘某返还押金等费用；②驳回原告张某、刘某的其他诉讼请求；③被告谢某2不承担民事责任。

问题：如何评价法院的判决？

[分析思路] 个人合伙，是指2个以上公民按照协议，各自提供资金、实物、技术等，合伙经营、共同劳动。原告张某、刘某签订的合作协议对合伙投资、利润分配和退伙等作出约定，应当认定二原告成立合伙关系，但二人没有领取营业执照，属于个人合伙。张某、刘某实际履行了合伙协议，其二人为该案的权利承受人，原告张某作为诉讼主体适格。刘某与张某存在合伙开矿关系，虽然挖掘机租赁合同是被告谢某1与刘某签订的，但合伙人可以执行合伙事务，其行为结果可以及于其他合伙人，实际缔约人的一方应认定为张某和刘某二人。鉴于本案涉及应否追加刘某为当事人的争议问题，针对实体权利问题，未表明刘某放弃。所以，二合伙人刘某和张某应作为必要共同诉讼人，一起参加诉讼。法院依职权通知刘某参加诉讼并无不当。

另外还需要注意，雇员在从事雇佣活动中违反合同约定的，雇主应当承担违约责任。本案中，被告谢某1确认被告谢某2为其雇用的挖掘机工作人员，原告张某也予以认可，故本案的责任承担人为谢某1。因此在诉讼中，应以谢某1作为被告，不得将谢某1和谢某2列为共同被告。

考点 02

答案：

1. 法院追加刘某作为共同原告的做法是合法的。因张某和刘某构成个人合伙，所以，法院依职权追加刘某作为必要共同诉讼原告符合法定程序要求，因此，刘某属于本案的适格原告。

2. 法院将谢某1、谢某2列为被告的做法是错误的。因为谢某2为谢某1雇用的挖掘机工作人员，属于提供劳务的人，法院应仅仅将接受劳务的谢某1列为被告。

[法条链接]

《民法典》

第577条　当事人一方不履行合同义务或者履行合同义务不符合约定的，应当承担继续履行、采取补救措施或者赔偿损失等违约责任。

第584条　当事人一方不履行合同义务或者履行合同义务不符合约定，造成对方损失的，损失赔偿额应当相当于因违约所造成的损失，包括合同履行后可以获得的利益；但是，不得超过违约一方订立合同时预见到或者应当预见到的因违约可能造成的损失。

第585条第1款 当事人可以约定一方违约时应当根据违约情况向对方支付一定数额的违约金，也可以约定因违约产生的损失赔偿额的计算方法。

《民事诉讼法》第147条 被告经传票传唤，无正当理由拒不到庭的，或者未经法庭许可中途退庭的，可以缺席判决。

（三）分支机构

分支机构是整体企业下设的一个组成部分，它在经营业务、经营方针等各方面都要受到公司总部不同程度的控制。分支机构在不同的企业或行业有不同的名称，例如，在有些企业称为分公司，有些企业称为分厂，商业系统称为分店，银行系统称为分行等。

1. 依法设立并领取营业执照的法人分支机构可以作为当事人（包括银行和非银行金融机构的分支机构）。

2. 若分公司与某主体发生纠纷时：

（1）分公司可以做当事人（独立做原告或者被告）；

（2）总公司可以做当事人（分公司的行为也是总公司的行为）；

（3）总公司和分公司可以共同做当事人。

🛈注意：不管谁做当事人，承担责任的都不是分公司，而是总公司（分公司没有法人资格，无法独立承担民事责任）。具体的做法是，在执行程序中，追加设立分支机构的主体作为被执行人。

03
多数当事人的地位判断

所谓多数当事人，即一个案件中存在3个以上当事人。在考试中，要全面考虑，综合题目的信息确定他们的诉讼地位。具体而言，他们的诉讼地位有以下六种可能：

一、固有必要共同诉讼人

（一）识别标准

从现有的规定看，必要共同诉讼，是指当事人一方或双方为2人以上，诉讼标的（法律关系）是同一个的共同诉讼。对于这个规定，我们可以从以下两个角度加以理解：

1. 所有必要共同诉讼的诉讼标的都只有一个，换句话说，只要双方当事人之间只有一个诉讼标的，就应理解存在必要共同诉讼的基础。

2. 在必要共同诉讼的审理和判决方面（一般而言，只要当事人不是连带责任的必要共同诉讼，都是固有必要共同诉讼）：

（1）必须将所有当事人合并审理；

（2）若部分必要共同诉讼人没有参加诉讼，应依职权追加其参加诉讼；

（3）必须作出一个判决。

　　注意：如果案件属于必要共同诉讼，而法院却没有追加所有的必要共同诉讼人作为当事人，则属于严重违反法定程序，当事人可以据此上诉。

（二）固有必要共同诉讼的常见类型

1. 继承纠纷

在继承遗产的诉讼中，部分继承人起诉的，人民法院应通知其他继承人作为共同原告参加诉讼。

2. 侵犯共有财产权

共有财产权受到他人侵害，部分共有权人起诉的，其他共有权人应当列为共同原告。

3. 无、限制民事行为能力人侵权

应由侵权人和其监护人[1]作为共同被告。

迷你案例

案情：高某诉某加油站，称其是做水泥和草帘生意的，加油站漏水流到其家里，将其家里放的草帘和水泥弄湿了，加油站赔偿了草帘和水泥款，没有赔偿房屋损害款。

被告答辩称，本案主体不适格。原告高某辩称，其作为原告，诉讼主体适格。高某丈夫杨某死亡，有四个孩子，虽然属于客观事实，但是本案房屋的共有权人就是高某及其丈夫，四个子女仅仅是有继承权。如果财产已经被继承，四个子女就应当参加诉讼。本案高某丈夫自死亡到现在，没有分割财产，财产共有权人就是高某及其丈夫，丈夫死亡，高某作为原告是合法的。

问题：高某的主张是否符合法律规定？

[分析思路] 根据《民诉解释》第72条的规定，共有财产权受到他人侵害，部分共有权人起诉的，其他共有权人为共同诉讼人。根据《民诉解释》第73条的规定，必须共同进行诉讼的当事人没有参加诉讼的，人民法院应当依照《民事诉讼法》第135条的规定，通知其参加；当事人也可以向人民法院申请追加。

考点
03

---

〔1〕　监护人，是指对无民事行为能力人和限制民事行为能力人（如未成年人或精神病人）的人身、财产和其他合法权益负有监督和保护责任的人。监护人必须具有完全行为能力，并依法律规定产生。

> 本案房屋原系高某与其丈夫杨某共同所有，因杨某死亡，该房屋就变成了高某及杨某的其他法定继承人的共有财产。依据上述法律规定，本案系必要共同诉讼，应当追加杨某的其他法定继承人作为必要共同诉讼人出庭参与诉讼。本案仅有高某一人起诉，显属诉讼主体不适格。

答案：高某的主张不符合法律规定，案涉房屋属于高某及杨某的其他法定继承人的共有财产，而共有财产受到侵害，所有的权利人应作为必要共同诉讼人参加诉讼。因此，高某作为原告起诉，法院应依法追加其他继承人作为必要共同原告。

[法条链接]

《民事诉讼法》第135条 必须共同进行诉讼的当事人没有参加诉讼的，人民法院应当通知其参加诉讼。

《民诉解释》

第72条 共有财产权受到他人侵害，部分共有权人起诉的，其他共有权人为共同诉讼人。

第73条 必须共同进行诉讼的当事人没有参加诉讼的，人民法院应当依照民事诉讼法第135条的规定，通知其参加；当事人也可以向人民法院申请追加。人民法院对当事人提出的申请，应当进行审查，申请理由不成立的，裁定驳回；申请理由成立的，书面通知被追加的当事人参加诉讼。

（三）追加必要共同诉讼人的程序

1. 当事人可在辩论终结前申请追加当事人；法院也可以依职权或依申请追加当事人（属于程序事项）。

2. 追加特定主体作为共同原告时，该主体已明确表示放弃实体权利的，可不予追加；不放弃实体权利的，仍追加为共同原告，该当事人不到庭不影响案件审判。

迷你案例

案情：郑某与周某系夫妻关系，二人育有一男周某1、一女周某2。周某因道路交通事故死亡。周某1、郑某主张被告孙某分两次向周某有息借款100 000元、12 000元。孙某称，对于周某1、郑某提供的两张字条，借条是自己书写，手印也是自己所按，但因文书书写不规范，无法证明该两笔是否为借款。周某1、郑某为证明自己的主张，向法院提交了2017年6月7日9时周某1与孙某的通话录音一份（内容为催讨欠款），周某1、郑某还申请不认识孙某的证人出庭作证。周某2表示放弃对借款的继承权，法院就没有追加其参加诉讼。

问题：

1. 借款事实是否得以认定？

2. 当事人确定是否正确？

> [分析思路] 从案件事实角度看，被告孙某对借条上他的签名与手印无异议，且孙某与证人从未见过面，证人的证言属于无利害关系的证人证言。结合借条、证人证言及通话录音，三个证据相互补强，可以认定周某与孙某之间的借贷关系成立。
>
> 周某因车祸身亡，郑某与周某1作为周某的法定继承人，对出借人的财产依法予以继承，故二人可依法向孙某主张权利。在诉讼中，二者应作为必要共同诉讼人参加。周某的另一继承人周某2已明确表示放弃对案涉借款的实体权利，故一审未追加其为本案原告并无不当。

答案：

1. 借款事实得以认定。本案中，证人与本案无利害关系，且当事人对借条没有争议，证据可以相互印证，认定借款事实存在。

2. 当事人确定是正确的。本案中，郑某与周某1、周某2作为周某的法定继承人，是遗产的共有人，应作为必要共同诉讼人参加诉讼。但周某2放弃继承权，因此，法院不应将其追加为共同原告。

（四）遗漏固有必要共同诉讼人的处理

1. 一审中发现存在固有必要共同诉讼人未追加，应在辩论终结前，依职权追加。

2. 二审中发现存在固有必要共同诉讼人未追加，应先调解，调解不成，需要发回重审。

考点 03

3. 审结后发现存在固有必要共同诉讼人未追加，可以由案外必要共同诉讼人申请再审，再审启动后：

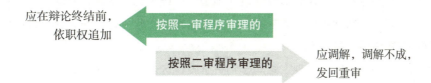

应在辩论终结前，依职权追加　←　按照一审程序审理的

按照二审程序审理的　→　应调解，调解不成，发回重审

4. 执行程序中发现存在固有必要共同诉讼人未追加，应由被遗漏的案外必要共同诉讼人提出案外人异议，异议被驳回，案外必要共同诉讼人可以申请再审。

二、类似必要共同诉讼人

（一）界定方法

固有必要共同诉讼和类似必要共同诉讼的共同点是，双方当事人之间只有一个法律关系。那么，二者有什么区别呢？只要权利人和义务人之间只有一个法律关系，而几个责任人之间承担连带责任，就可以作为类似必要共同被告参加诉讼；如果多个主体之间承担的不是连带责任，就作为固有必要共同诉讼处理。

考点点拨

到底应如何区分固有必要共同诉讼人和类似必要共同诉讼人呢？

如果双方当事人中有一方为2人以上，双方当事人之间只有一个诉讼标的，那就属于必要共同诉讼。

此时，部分共同诉讼人未参加诉讼的，法院就应依职权追加，这种就认定为固有必要共同诉讼。

但如果多个责任人之间承担连带责任，法院就**不应予以追加**。当事人起诉何主体，就仅仅以该主体作为被告，这种属于类似必要共同诉讼。

（二）类似必要共同诉讼的常见类型

经常考查的最典型的情况有以下三种：

1. 共同危险和共同侵权

（1）所有实施侵权行为或共同危险行为的人可以为共同被告；

（2）共同危险行为[1]人或共同侵权行为人承担连带责任的，被侵权人有权请求部分或者全部连带责任人承担责任。

刘鹏飞 主观题

🅞 **注意**：这里需要特别说明一下：

有些同学注意到，2022年修正的《最高人民法院关于审理人身损害赔偿案件适用法律若干问题的解释》第2条的立法态度与我上述结论有冲突。该解释第2条规定，赔偿权利人起诉部分共同侵权人的，人民法院应当追加其他共同侵权人作为共同被告。赔偿权利人在诉讼中放弃对部分共同侵权人的诉讼请求的，其他共同侵权人对被放弃诉讼请求的被告应当承担的赔偿份额不承担连带责任。责任范围难以确定的，推定各共同侵权人承担同等责任。人民法院应当将放弃诉讼请求的法律后果告知赔偿权利人，并将放弃诉讼请求的情况在法律文书中叙明。

但我为什么没有按照这个规定给同学们讲解呢？这是因为上述司法解释虽然是新修订的，但上述法条的内容却一直没有变化，也就是说，这个第2条其实就是2003年颁布的《最高人民法院关于审理人身损害赔偿案件适用法律若干问题的解释》的第5条，两个法条的内容是一样的。但2003年之后的主观题真题和司法部的案例指导用书中并没有采用这样的观点，而是采用了我上述讲授的观点。这就意味着，上述法条虽然这样规定，但出题老师并没有认可这个规定的观点。

---

[1] 共同危险行为，是指数人共同实施危及他人人身安全的行为并造成损害结果，而实际侵害行为人又无法确定的侵权行为。共同危险行为成立后，虽然真正侵害行为人只能是其中一人或一部分人，但如果无法确定谁是真正的侵害行为人，共同实施危险行为的数人承担连带责任（大家都实施了可能造成侵权的危险行为，但侵权结果由其中部分人造成）。

至于原因，我想《民法典》第178条的规定是非常好的解答。根据《民法典》第178条的规定，2人以上依法承担连带责任的，权利人有权请求部分或者全部连带责任人承担责任。连带责任人的责任份额根据各自责任大小确定；难以确定责任大小的，平均承担责任。实际承担责任超过自己责任份额的连带责任人，有权向其他连带责任人追偿。连带责任，由法律规定或者当事人约定。如果必须一次性将所有连带责任人都追加进入诉讼，那么，为什么还会存在追偿的问题呢？

综上所述，大家在法考中，还是按照我讲授的观点作答更为稳妥。

2. 保证合同纠纷

（1）若保证责任为连带保证：

可以单独诉债务人，也可以单独诉保证人，还可以一起诉保证人和债务人，二者此时作为必要共同诉讼人。但为了查明事实方便，若债权人单独起诉债务人，法院可以依职权追加保证人作为共同被告。

🈯️**注意**：此处是"可以"而非"应该"，追加规则和上述讲授的连带责任共同被告的追加方式是一样的。

（2）若保证责任为一般保证：

可以单独诉债务人，也可以一起诉保证人和债务人，二者此时作为必要共同诉讼人，但不可以单独诉保证人。单独起诉保证人，法院必须向债权人释明，要求债权人必须同时追加债务人作为共同被告。若债权人拒绝追加，法院应驳回债权人的起诉。

3. 挂靠

以挂靠形式从事民事活动，挂靠人和被挂靠人之间承担连带责任，可以只起诉其中某一个，但当事人请求由挂靠人和被挂靠人一并承担民事责任的，该挂靠人和被挂靠人为共同诉讼人。

迷你案例

案情：郑某挂靠海诺公司资质，以海诺公司的名义从事油田开采业务；吕某系郑某雇用的员工；杨某车辆曾为郑某拉运设备，双方合作多年。2015年7月7日至11月26日期间，杨某用自有车辆及他人车辆先后9次为郑某井队拉运设备，每次交货后吕某作为开票员以海诺公司名义向杨某出具9张欠条，共计32 100元。杨某多次索要欠款无果，将海诺公司、郑某作为被告诉至法院。一审法院判决由海诺公司、郑某承担连带责任。

郑某上诉，主张本案不应立案受理，海诺公司在欠条上未盖章且法定代表人未签字，与本案无法律上的利害关系，不是本案的适格被告，一审法院应当驳回杨某的起诉。

问题：一审法院确定的当事人是否恰当？

[分析思路] 郑某与海诺公司之间具有挂靠关系，事实上已向社会公开宣示了其具备海诺公司所属机构的身份地位标志的性能。按照《民诉解释》第54条的规定，以挂靠形式

从事民事活动，当事人请求由挂靠人和被挂靠人依法承担民事责任的，该挂靠人和被挂靠人为共同诉讼人。杨某起诉且一审判决由被挂靠人海诺公司、挂靠人郑某承担民事责任的诉讼主体适格。

吕某作为郑某个人所属的两个井队的雇佣员工，其与郑某个人之间形成劳务合同关系，吕某在执行郑某个人所属的两个井队的工作任务中，实施向杨某出具案涉 9 张欠条并形成欠付运输费用 32 100 元的民事法律行为对郑某发生效力，应由郑某作为当事人。同时，海诺公司作为被挂靠人，应当承担其名义被郑某个人所属的两个井队许可使用行为产生的法律后果，一审判决由郑某给付杨某运输费用 32 100 元并由海诺公司承担连带责任，符合上述司法解释规定的精神和法则。

答案：一审法院确定的当事人是恰当的。郑某和海诺公司为挂靠和被挂靠的关系，二者应承担连带责任；而吕某属于为郑某提供劳务的人，因此，一审法院依据当事人的诉请，将郑某和海诺公司列为共同被告是合法的。

[法条链接]

《公司法》第 13 条　公司可以设立子公司。子公司具有法人资格，依法独立承担民事责任。

公司可以设立分公司。分公司不具有法人资格，其民事责任由公司承担。

《民诉解释》第 54 条　以挂靠形式从事民事活动，当事人请求由挂靠人和被挂靠人依法承担民事责任的，该挂靠人和被挂靠人为共同诉讼人。

《民法典》第 170 条　执行法人或者非法人组织工作任务的人员，就其职权范围内的事项，以法人或者非法人组织的名义实施的民事法律行为，对法人或者非法人组织发生效力。

法人或者非法人组织对执行其工作任务的人员职权范围的限制，不得对抗善意相对人。

刘鹏飞主观题

三、普通共同诉讼人

普通共同诉讼，是指当事人一方或双方为 2 人以上，诉讼标的是同一类的共同诉讼。根据相关规定，可以从以下三个方面理解普通共同诉讼的法律特征：

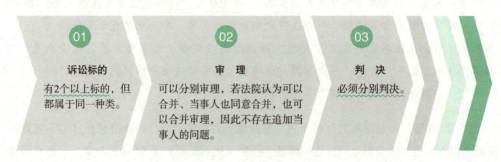

01 诉讼标的
有2个以上标的，但都属于同一种类。

02 审理
可以分别审理，若法院认为可以合并、当事人也同意合并，也可以合并审理，因此不存在追加当事人的问题。

03 判决
必须分别判决。

考点点拨

　　与普通共同诉讼经常发生混淆的概念是必要共同诉讼，二者都是一方当事人达到 2 人以上出现的共同诉讼。要区分二者其实并不难。大家只需要查一下双方当事人之间存在几个法律关系即可。如果双方当事人之间只有一个诉讼标的，就认定为必要共同诉讼；如果双方当事人之间有 2 个以上同一类的诉讼标的（如 2 个侵权关系、2 个合同关系等），就是普通共同诉讼。

一招制敌

- A、B 打伤 C，属于必要共同诉讼。
- C 打伤 A、B，属于普通共同诉讼。

迷你案例

　　案情：一审法院在送达第 61 号案件的起诉状后，被告汇志公司在提交答辩状期间就本案管辖权提出异议。汇志公司认为，本案与第 60、62~64 号案件一样，都属于金融借款合同纠纷。根据《民事诉讼法》第 55 条的规定，因诉讼标的为同一种类，均属于金融借贷纠纷，且五被告均为同一集团内部的各公司，五案合计诉讼标的高达 12 亿元，已超出中院的管辖权限，以上五案均应移交北京市高级法院审理。

　　问题：该主张是否成立？

　　[分析思路] 本案中，汇志公司以本案应与他案并案处理且并案后标的高达 12 亿元为由，认为本案应移交北京市高级法院审理。对于此种情形，首先应判断案件是否属于必要共同诉讼，是否必须将五个案件合并审理。《民事诉讼法》第 55 条第 1 款规定，当事人一方或者双方为 2 人以上，其诉讼标的是共同的，或者诉讼标的是同一种类、人民法院认为可以合并审理并经当事人同意的，为共同诉讼。本案与一审法院审理的其他四个金融借款合同纠纷案件所涉合同虽然法律关系性质一致，但当事人不完全相同，属于各自相对独立的、诉讼标的是同一种类的普通共同诉讼的情形，而非必要共同诉讼。对于普通共同诉讼，一审法院分别立案、分别审理并未违反法律的相关规定。故汇志公司的该主张没有法律依据，不应予以支持。

　　答案：该主张不能成立。本案与一审法院审理的其他四个金融借款合同纠纷案件属于各自相对独立的、诉讼标的是同一种类的普通共同诉讼，而非必要共同诉讼。所以，当事人要求本案与一审法院审理的其他四个金融借款合同纠纷案件必须合并审理的主张无法获得支持。

　　[法条链接]《民事诉讼法》第 55 条　当事人一方或者双方为 2 人以上，其诉讼标的是共同的，或者诉讼标的是同一种类、人民法院认为可以合并审理并经当事人同意的，为

共同诉讼。

共同诉讼的一方当事人对诉讼标的有共同权利义务的，其中一人的诉讼行为经其他共同诉讼人承认，对其他共同诉讼人发生效力；对诉讼标的没有共同权利义务的，其中一人的诉讼行为对其他共同诉讼人不发生效力。

 迷你案例

案情：王某是北京某高校四年级学生，毕业前，王某怀疑自己的女友与李某有染。某晚，王某向好友甲、乙、丙吐露心事，随后四人在学校后门将李某打伤。现在李某打算向法院起诉。

问题：本案中当事人应如何确定？

[分析思路] 李某为原告，李某可以选择起诉部分或者全部侵权人。如果李某只起诉王某，法院不应追加甲、乙、丙为共同被告；如果李某同时起诉王某和甲、乙、丙，本案属于必要共同诉讼。

答案：本案应依据原告的主张确定被告。原告为李某，被告为王某、甲、乙、丙中的所有人或者部分人。

四、有独立请求权第三人

有独立请求权第三人规定于《民事诉讼法》第59条第1款中：对当事人双方的诉讼标的，第三人认为有独立请求权的，有权提起诉讼。对此规定，应从以下四个角度加以理解：

1. 成立基础

有独立请求权第三人必须对本诉诉讼标的物有独立请求权，一般而言，有独三主张的独立请求权基于物权或继承权产生。基于债权一般不会成为有独三。

2. 法律特征

识别有独三的最主要特征在于，以本诉的原告和被告为共同被告提起第三人参加之诉后，既反对原告，也反对被告。这一点与必要共同诉讼人就形成了最鲜明的差别：必要共同诉讼人是辅助一方当事人，反对另一方当事人。

3. 诉讼结构

有独三起诉后，本案中存在两个独立的诉：本诉和参加之诉。有独立请求权的第三人参加诉讼后，原告申请撤诉，人民法院在准许原告撤诉后，有独立请求权的第三人作为另案原告，原案原、被告作为另案被告，诉讼另行进行。

一招制敌 ➤ 只要是2个以上的诉合并审理，都是可以拆分审理的。而其中一个诉消灭，另一个诉都不受影响。如普通共同诉讼中各个诉的合并、本诉和反诉的合并、参加之诉和本诉的合并等。

4. 诉讼地位

有独三是参加之诉的原告，属于本案的当事人（本案中包括本诉和参加之诉两个诉），但无权提出管辖权异议。

注意：有独三也是本案的当事人。

迷你案例

案情：许某系原告鼎盛公司的法定代表人。泰山公司与鼎盛公司签署了《增资扩股协议书》，其中约定："本协议生效后 3 日内，基于泰山公司对鼎盛公司的增资扩股，许某将其在鼎盛公司 22% 的股份给予泰山公司，泰山公司须向许某支付 22% 的股份转让金 1000 万元人民币。"其后，许某依约与被告泰山公司签订了《股权转让协议》。

后因泰山公司未支付转让金，产生违约纠纷，鼎盛公司直接向一审法院起诉，请求判令解除《增资扩股协议书》。许某也直接向受理该案件的一审法院起诉，请求解除其与泰山公司签订的《股权转让协议》，并要求泰山公司将其持有的鼎盛公司的 22% 股份返还给自己。

其后，许某向法院申请撤诉。3 个月后，许某再次向法院提起诉讼，诉讼请求与第一次起诉相同。

问题：

1. 许某以泰山公司未履行支付股权转让款义务要求返还股权的请求属于何种诉的类型？

2. 第二次起诉时，许某和泰山公司的《股权转让协议》是否已经解除？解除时间如何判断？

3. 许某对泰山公司与鼎盛公司之间争议的诉讼标的是否有独立的请求权？

> **[分析思路]**《民事诉讼法》第 59 条第 1 款规定："对当事人双方的诉讼标的，第三人认为有独立请求权的，有权提起诉讼。"所谓独立的请求权，是指第三人所主张的请求权不同于本诉原告向本诉被告主张的请求权，而是同时直接针对本诉原告和本诉被告，该请求权的内容否定本诉诉讼标的全部或部分的权利。
>
> 结合本案案情，许某的主张系基于涉诉《增资扩股协议书》的约定，似乎属于有独立请求权的第三人。但是从其请求权的性质和内容来看，其请求权是基于其与泰山公司就《股权转让协议》而产生的债权性质的股权转让款请求权，而鼎盛公司与泰山公司之间是因目标公司《增资扩股协议书》而产生的纠纷。通过分析可以判断，许某的请求权只针对泰山公司，不针对鼎盛公司；许某的请求权也不产生全部或部分否定本诉诉讼标的的实体权利的法律效果。故许某在本案中不是有独立请求权的第三人，其提起的诉讼不属于参加之诉，不应在本案提出诉讼请求，法院不应将两案合并审理，亦不应在本案中对许某之诉讼请求予以评析和裁判。许某应另行主张权利。

考点 03

答案：

1. 许某要求返还股权并办理工商登记，属于给付之诉。因许某起诉被告系要求被告返还财物并履行行为，属于给付之诉。

2.《股权转让协议》已经解除。根据《最高人民法院关于适用〈中华人民共和国民法典〉合同编通则若干问题的解释》第54条的规定，当事人一方未通知对方，直接以提起诉讼的方式主张解除合同，撤诉后再次起诉主张解除合同，人民法院经审理支持该主张的，合同自再次起诉的起诉状副本送达对方时解除。但是，当事人一方撤诉后又通知对方解除合同且该通知已经到达对方的除外。所以，《股权转让协议》在许某第二次起诉的起诉状副本送达被告时就已经被解除。

3. 许某对泰山公司与鼎盛公司之间争议的诉讼标的没有独立的请求权。因为许某的请求权只针对泰山公司，不针对鼎盛公司；许某的请求权也不产生全部或部分否定本诉诉讼标的的实体权利的法律效果。

[法条链接]《民事诉讼法》第59条 对当事人双方的诉讼标的，第三人认为有独立请求权的，有权提起诉讼。

对当事人双方的诉讼标的，第三人虽然没有独立请求权，但案件处理结果同他有法律上的利害关系的，可以申请参加诉讼，或者由人民法院通知他参加诉讼。人民法院判决承担民事责任的第三人，有当事人的诉讼权利义务。

前两款规定的第三人，因不能归责于本人的事由未参加诉讼，但有证据证明发生法律效力的判决、裁定、调解书的部分或者全部内容错误，损害其民事权益的，可以自知道或者应当知道其民事权益受到损害之日起6个月内，向作出该判决、裁定、调解书的人民法院提起诉讼。人民法院经审理，诉讼请求成立的，应当改变或者撤销原判决、裁定、调解书；诉讼请求不成立的，驳回诉讼请求。

五、诉的合并的具体类型

除了以上必要共同诉讼和普通共同诉讼之外，在考试中还可能存在其他类型的诉的合并。具体来讲，同学们还需要掌握以下四种情况：

1. 诉的重叠合并/竞合合并

通俗地说，就是当事人依据案件事实，既可以主张 A 请求权，也可以主张 B 请求权，这时候请求权基础重叠了，但当事人只能主张其中一个请求权，不可以同时主张两个。

[例] 甲把房子租给乙，丙将乙赶了出去，不允许乙居住。此时，乙既可以依据侵权纠纷起诉丙，也可以依据合法占有的保护起诉丙，这是两种请求权基础，但乙只能选择其中一个起诉。这就是一种诉的重叠合并。

2. 诉的选择合并

一般理解为一个原告在对同一个被告起诉的过程中，提出了多个诉讼请求，法院要么支持甲诉讼请求，要么支持乙诉讼请求。这时候，两个诉讼请求都可以提，但是

却不能同时成立，所以要求法院在两个诉讼请求里面选择一个作出判决。（两个诉讼请求是相互排斥的）

[例]　买卖合同纠纷中，原告主张合同无效，请求法院判令被告返还货物（甲诉讼请求），或者支付与货物价值相当的货款作为替代（乙诉讼请求）。

所以，诉的重叠合并是当事人有选择权，诉的选择合并是给法院选择权，二者是不同的。

3. 诉的预备合并

也叫预备的诉的合并，是指原告在起诉时一并提起两个诉讼请求，准备在第一个诉讼请求不被支持之后，请求支持第二个诉讼请求。这和诉的选择合并不一样。在诉的选择合并中，没有体现当事人意愿的先后顺序，两个诉讼请求，法院选择哪个来判决当事人都接受。但诉的预备合并，法院必须先判断在先的诉讼请求（术语上称之为主位请求）成立与否；如果这个诉讼请求不成立，法院才能判断第二个诉讼请求（术语上称之为备位请求）成立与否。

[例]　买卖合同纠纷中，原告作为出卖方，起诉买受方支付合同款。但是，原告基于买卖合同可能被确认无效的考虑，在主张买受方支付合同款的同时，主张如买卖合同被确认无效，买受方应当返还货物。这种就不是给法院自由选择的空间，而是有先后顺位的，不同于诉的选择合并。

4. 诉的单纯合并

也叫普通的诉的合并、并列的诉的合并，是指同一原告对同一被告，在一个起诉状中主张多个诉讼标的的诉的合并，即原告提出多个诉讼请求，要求法院对这些诉讼请求一并作出判决。在这种情形下，原告和被告是同一的，不存在多个诉讼标的中出现多个原告或者被告的情况。

💡注意：这不是普通共同诉讼，这种诉的单纯合并一般是一个原告和一个被告中间发生了多个法律关系，而普通共同诉讼必然有多个原告或者多个被告。

[例]　原告与被告先后签订了 10 个钢材买卖合同，每个合同的标的额均为 3000 万元。双方在合同履行过程中发生纠纷，原告就 10 个合同合并起诉，诉讼标的额累计达到了 3 亿元。

最后，千万要注意：诉的合并是一项程序操作，是法院依职权进行的，其目的在于提升诉讼效率、减少矛盾判决等，一般是不需要当事人同意的！！

考点
03

迷你案例

案情：周某欠吴某 10 万元，现债务已到期，周某拒不清偿。吴某得知在此债务到期后，周某免除了郑某欠其的 8 万元债务，遂起诉到法院，请求撤销周某和郑某的债务免除协议，并要求周某归还 10 万元欠款。法院决定对这两个诉讼请求合并审理。

问题：本案属于什么类型的诉的合并？

[分析思路] 本案中，只有一个原告和一个被告，因此当然不是普通共同诉讼或者必要共同诉讼。而对于当事人提出的两个诉讼请求，如果不能同时成立，就可能是诉的选择合并或者预备合并。而本案中，要求撤销债务免除协议属于典型的行使撤销权的行为，要求归还 10 万元欠款则属于普通的给付之诉，大家会发现，这两个诉讼请求并非彼此相斥的，所以就谈不上二选一，或者先看第一个成立与否，第一个不成立再看第二个，而是这两个诉讼请求都要审查，有可能同时成立。另外，本案中只有一个请求权基础，就是债权债务关系，因此也不存在请求权基础竞合的诉的重叠合并问题。综上所述，本案就属于一个形成之诉（撤销权诉讼）和一个给付之诉的单纯合并。

要注意：撤销权之诉的被告是谁？根据《民法典》第 538 条的规定，债权人撤销权之诉的被告应为债务人（周某）与受益人（郑某）。而给付之诉的被告仅为周某。法院可将郑某列为撤销权之诉的共同被告，而给付之诉仅针对周某。基于同一事实，两案合并审理，属于诉的客体合并（同一原告对同一被告的不同请求）与诉的主体合并（涉及不同被告）的结合，但核心仍属诉的客体合并范畴（因为要解决的核心问题是吴某和周某的债权债务关系，而非吴某和郑某的法律关系，所以郑某虽然是撤销权之诉的当事人，但诉讼并不是为了解决和他的权利义务争议）。

答案：本案中，吴某基于同一债权债务关系提出两个具有法律牵连的诉讼请求（撤销协议与清偿债务），法院合并审理属于诉的客体合并。尽管涉及不同被告（周某与郑某），但核心争议仍围绕周某的债务责任展开，故以诉讼请求的合并为主导。吴某对周某提出两个独立的诉讼请求，一个是性质上属于形成之诉的撤销权诉讼，一个是给付财物之诉，属于诉的单纯合并。

六、无独立请求权第三人

按照《民事诉讼法》第 59 条第 2 款的规定，对当事人双方的诉讼标的，第三人虽然没有独立请求权，但案件处理结果同他有法律上的利害关系的，可以申请参加诉讼，或者由人民法院通知他参加诉讼。人民法院判决承担民事责任的第三人，有当事人的诉讼权利义务。对此法条，可以从以下三个角度进行理解：

1. 参诉基础

无独立请求权第三人对本诉诉讼标的物没有独立请求权，但与案件处理结果有法律上的利害关系，一般而言，多数情况是基于债权关系才产生了这种利害关系。自己申请参加诉讼或者由法院通知其参加诉讼后，一般是辅助一方当事人，对抗另一方当事人。

这种利害关系的判断方法：本诉的诉讼结果会令第三人的法定义务或者权利增加或减少。

2. 诉讼结构

无独立请求权第三人参加诉讼后，本案也只有一个本诉，无独三没有提出独立的诉。在无独三参加诉讼的案件中，只有一个诉讼标的，且无独三本身不是此诉讼标的的当事人。

3. 诉讼地位

无独三在一审中无权对案件的管辖权提出异议；无独三无权放弃、变更诉讼请求或者申请撤诉；判决承担民事责任的无独三有权提出上诉。

迷你案例

案情：原告李某、张某与被告倪某签订《北京市存量房屋买卖合同》，约定出卖人倪某向买受人李某、张某出售位于北京市某处房屋。因房屋由彭某承租，双方约定：彭某交付的 2 个月押金由出卖人直接返还给买受人。后被告仅向原告返还 1 个月的押金。原告李某、张某诉至法院，要求被告返还剩余 1 个月的押金。

被告倪某辩称：系经承租人彭某同意，将来原告可以在租赁合同到期时向房屋承租人仅返还 1 个月的押金，这也是经原告同意的。

问题：在本案中，彭某是否可以参加诉讼？其处于何种诉讼地位？

[分析思路]《民事诉讼法》第 59 条第 1、2 款规定："对当事人双方的诉讼标的，第三人认为有独立请求权的，有权提起诉讼。对当事人双方的诉讼标的，第三人虽然没有独立请求权，但案件处理结果同他有法律上的利害关系的，可以申请参加诉讼，或者由人民法院通知他参加诉讼。人民法院判决承担民事责任的第三人，有当事人的诉讼权利义务。"本案中，彭某并不是买卖合同关系的当事人，而转移押金则是买卖合同相关的法律义务。所以，彭某不应作为本案原告或者被告参加诉讼。案涉房屋现系彭某承租，租赁期限届满后，出租人应向承租人返还 2 个月的押金。按照被告陈述，被告提出交付原告 1 个月的押金，原告可以在租赁合同到期时向房屋承租人仅返还 1 个月的押金。法院若判决原告败诉，则被告只需要交付给原告 1 个月的押金，而彭某也只能取得 1 个月的押金。也就是说，彭某与本案的处理结果存在法律上的利害关系，因此，彭某系本案利害关系人，可被追加为无独立请求权第三人参加诉讼。

答案：彭某可以参加诉讼，属于无独立请求权第三人。因为本案诉讼结果关系到彭某是否可以获得 2 个月的押金，彭某虽然不具备独立请求权，但和本案处理结果有法律上的利害关系，可以以无独三身份参加诉讼。

[法条链接]《民事诉讼法》

第 59 条　对当事人双方的诉讼标的，第三人认为有独立请求权的，有权提起诉讼。

对当事人双方的诉讼标的，第三人虽然没有独立请求权，但案件处理结果同他有法律上的利害关系的，可以申请参加诉讼，或者由人民法院通知他参加诉讼。人民法院判决承担民事责任的第三人，有当事人的诉讼权利义务。

前两款规定的第三人，因不能归责于本人的事由未参加诉讼，但有证据证明发生法律效力的判决、裁定、调解书的部分或者全部内容错误，损害其民事权益的，可以自知道或者应当知道其民事权益受到损害之日起 6 个月内，向作出该判决、裁定、调解书的人民法

考点 **03**

院提起诉讼。人民法院经审理，诉讼请求成立的，应当改变或者撤销原判决、裁定、调解书；诉讼请求不成立的，驳回诉讼请求。

第 177 条 第二审人民法院对上诉案件，经过审理，按照下列情形，分别处理：

（一）原判决、裁定认定事实清楚，适用法律正确的，以判决、裁定方式驳回上诉，维持原判决、裁定；

（二）原判决、裁定认定事实错误或者适用法律错误的，以判决、裁定方式依法改判、撤销或者变更；

（三）原判决认定基本事实不清的，裁定撤销原判决，发回原审人民法院重审，或者查清事实后改判；

（四）原判决遗漏当事人或者违法缺席判决等严重违反法定程序的，裁定撤销原判决，发回原审人民法院重审。

原审人民法院对发回重审的案件作出判决后，当事人提起上诉的，第二审人民法院不得再次发回重审。

七、遗漏第三人的救济方法：第三人撤销之诉

前面讲过的两种第三人（有独三和无独三），因不能归责于本人的事由未参加诉讼，但有证据证明发生法律效力的判决、裁定、调解书的部分或者全部内容错误，损害其民事权益的，可以自知道或者应当知道其民事权益受到损害之日起 6 个月内，向作出该判决、裁定、调解书的人民法院提起诉讼。人民法院经审理，诉讼请求成立的，应当改变或者撤销原判决、裁定、调解书；诉讼请求不成立的，驳回诉讼请求。

关于此规定的考查，主要是能不能提第三人撤销之诉，一般在考试中我们应这样分析：

| 1 先看是不是第三人，不是第三人就不能提第三人撤销之诉。 | | 2 再看有没有过期，裁判过了法定的 6 个月期间（类似于除斥期间），就不能提了。 | | 3 最后看第三人没有参加诉讼是什么原因，如果是其自身主观原因，则不能提出。 |

🈲**注意**：在考试中，一般而言，判断出主体属于第三人、其未参加诉讼、原裁判错误这三个要素，就都可以直接提起第三人撤销之诉，不管原错误裁判是已经进入执行程序还是没有进入执行程序。

[法条链接]

《民事诉讼法》

第 59 条 对当事人双方的诉讼标的，第三人认为有独立请求权的，有权提起诉讼。

对当事人双方的诉讼标的，第三人虽然没有独立请求权，但案件处理结果同他有法律上的利害关系的，可以申请参加诉讼，或者由人民法院通知他参加诉讼。人民法院判决承担民事责任的第三人，有当事人的诉讼权利义务。

前两款规定的第三人，因不能归责于本人的事由未参加诉讼，但有证据证明发生法律效力的判决、裁定、调解书的部分或者全部内容错误，损害其民事权益的，可以自知道或者应当知道其民事权益受到损害之日起 6 个月内，向作出该判决、裁定、调解书的人民法院提起诉讼。人民法院经审理，诉讼请求成立的，应当改变或者撤销原判决、裁定、调解书；诉讼请求不成立的，驳回诉讼请求。

第 220 条　有下列情形之一的，当事人可以向人民检察院申请检察建议或者抗诉：

（一）人民法院驳回再审申请的；

（二）人民法院逾期未对再审申请作出裁定的；

（三）再审判决、裁定有明显错误的。

人民检察院对当事人的申请应当在 3 个月内进行审查，作出提出或者不予提出检察建议或者抗诉的决定。当事人不得再次向人民检察院申请检察建议或者抗诉。

《民诉解释》第 127 条　民事诉讼法第 59 条第 3 款、第 212 条（现为第 216 条）以及本解释第 372 条、第 382 条、第 399 条、第 420 条、第 421 条规定的 6 个月，民事诉讼法第 230 条（现为第 234 条）规定的 1 年，为不变期间，不适用诉讼时效中止、中断、延长的规定。

04

更换当事人的要求

考点 04

一、什么时候可以更换当事人——任意更换

作为特定诉讼的当事人，如果与本案争议标的没有直接利害关系，不应成为本案的原告或被告，应进行更换，人民法院应当通知符合条件的当事人参加诉讼，更换不符合条件的当事人。但若是原告不适格，法院一般会选择裁定不予受理或者裁定驳回起诉。所以，当事人任意更换的题目主要还是考查涉及被告一方的时候。

具体而言，若原告同意更换其起诉的被告，在审理过程中更换当事人，诉讼应当重新开始；被告不符合条件而原告又不同意更换的，可判决驳回诉讼请求。

> **注意**：更换当事人之后，必须保障新当事人参加诉讼的程序权利，否则就是违反法定程序。

迷你案例

案情：借贷合同的借款人系高某，出借人系钟某，起诉立案的原告也是钟某。但钟某向原审法院出具《情况说明》，称本案借款合同项下的全部出借资金均为莫某所有，钟某与莫某也共同向原审法院提出申请变更原告主体，但无被告确认。2017 年 2 月 7 日的唯一一次庭审，原告仍然是钟某，莫某只是作为钟某的委托代理人参加诉讼。其后，审理法院直接以莫某为原告作出判决。

问题：

1. 法院的做法是否恰当？

2. 若不恰当，程序上如何救济？

> [分析思路] 诉讼主体适格是民事诉讼的前提条件。本案钟某和莫某申请变更原告的理由系莫某是出借资金的实际权利人，涉及的是实体问题。原审依照上述情况在判决中变更了原告，但变更后又没有重新指定举证期限、重新开庭审理，只是直接以莫某为当事人作出了判决，这就严重违反了法定程序，剥夺了当事人莫某的辩论权。
>
> 本案一审审理程序违法，若当事人以此为由提出上诉，也无法在二审程序直接纠正。若在二审中直接将当事人变更为莫某，将损及莫某的审级利益。为保护当事人的合法诉讼权利，应将案件发回原审法院，由一审法院将莫某作为当事人，重新审理。

答案：

1. 法院的做法是错误的。法院变更了当事人，却未给予当事人参加诉讼的权利，严重违反了法定程序。

2. 当事人可以以法院严重违反法定程序为由提起上诉。二审法院应裁定撤销原判，发回重审。

二、什么时候必须更换当事人——法定更换

法定更换当事人在题目中体现为，出现这种情况，就必须更换当事人。

（一）适用情况

出现了自然人死亡或者法人（其他组织）终止、分立、合并的时候，法院必须裁定更换当事人。

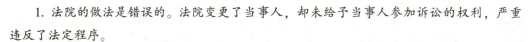 注意：除了以上这四种情况，是不需要也不允许更换当事人的。

（二）程序操作

1. 诉讼中当事人死亡或终止

应中止诉讼程序，通知继承人或者承受权利义务的人作为新的当事人继续参加诉讼。

2. 诉讼中当事人分立或合并

应中止诉讼程序，将分立或合并后的企业法人更换为新当事人（分立后的企业法人为共同诉讼人）。

 迷你案例

案情：原审原告蒋某称，在本案一审期间，原金源公司以存续分立的方式分立为金源

公司与北新公司，北新公司继承了原金源公司的全部有效资产。二审期间，蒋某向法院申请追加北新公司为共同被告，但二审仅列明"原金源公司分立成了本案金源公司和北新公司"，未对其追加申请作出处理，二审判决遗漏了必须参加诉讼的当事人。

执行程序中，蒋某再次申请追加北新公司为共同被执行人。

问题：

1. 二审法院的做法是否合法？在执行程序中，执行法院是否能够直接追加北新公司作为被执行人？

2. 对于上述情况，蒋某可以如何救济自己的权益？

> [分析思路] 对于法人的分立，根据《民诉解释》第63条"企业法人分立的，因分立前的民事活动发生的纠纷，以分立后的企业为共同诉讼人"的规定，原金源公司以存续分立的方式分立为金源公司和北新公司，分立后的金源公司和北新公司为本案的共同诉讼人。
>
> 对于公司分立后民事责任的承担，《公司法》第223条规定，公司分立前的债务由分立后的公司承担连带责任。但是，公司在分立前与债权人就债务清偿达成的书面协议另有约定的除外。据此，金源公司、北新公司作为案涉借款的连带责任人是本案必须共同进行诉讼的当事人。对于必须共同进行诉讼的当事人，根据《民事诉讼法》第135条"必须共同进行诉讼的当事人没有参加诉讼的，人民法院应当通知其参加诉讼"以及《民诉解释》第73条"必须共同进行诉讼的当事人没有参加诉讼的，人民法院应当依照民事诉讼法第135条的规定，通知其参加；当事人也可以向人民法院申请追加。人民法院对当事人提出的申请，应当进行审查，申请理由不成立的，裁定驳回；申请理由成立的，书面通知被追加的当事人参加诉讼"的规定，二审法院在金源公司已参加本案诉讼的情况下，应当通知或依据当事人申请追加分立后的另一企业法人——北新公司为本案必须共同进行诉讼的当事人参加诉讼。原审中，蒋某已向二审法院申请追加北新公司为共同被告，并提交相关证据，二审法院仅作列明而未予追加，程序处理不当。
>
> 遗漏必要共同诉讼人的问题应在审判程序中处理，本案中，在执行程序中，当事人申请追加案外人作为被执行人不符合法律规定。蒋某可以以原审遗漏必要共同诉讼人、严重违反法定程序为由申请再审。再审法院可以将遗漏的当事人追加进入诉讼程序，进行调解；调解不成的，撤销一、二审裁判，将案件发回重审。

考点④

答案：

1. 二审法院的做法是不合法的，且在执行程序中，执行法院不得直接追加北新公司作为被执行人。因当事人分立，二审法院应追加分立后的主体作为当事人参加诉讼。法院未予追加，严重违反了法定程序。同时，因北新公司未被追加进入审判程序，未将北新公司列为被执行人，故在执行程序中，不能直接追加北新公司作为被执行人。

2. 针对本案遗漏必要共同诉讼人的情况，蒋某不能在执行程序中直接申请追加北新公司为被执行人，但可以以原审遗漏必要共同诉讼人、严重违反法定程序为由申请再审。在再审程序当中，再审法院可以进行调解；调解不成的，应撤销一、二审裁判，将案件发回重审，由重审法院追加北新公司为共同诉讼人。

[法条链接]

《民诉解释》

第63条 企业法人合并的，因合并前的民事活动发生的纠纷，以合并后的企业为当事人；企业法人分立的，因分立前的民事活动发生的纠纷，以分立后的企业为共同诉讼人。

第73条 必须共同进行诉讼的当事人没有参加诉讼的，人民法院应当依照民事诉讼法第135条的规定，通知其参加；当事人也可以向人民法院申请追加。人民法院对当事人提出的申请，应当进行审查，申请理由不成立的，裁定驳回；申请理由成立的，书面通知被追加的当事人参加诉讼。

《公司法》第223条 公司分立前的债务由分立后的公司承担连带责任。但是，公司在分立前与债权人就债务清偿达成的书面协议另有约定的除外。

《民事诉讼法》第135条 必须共同进行诉讼的当事人没有参加诉讼的，人民法院应当通知其参加。

刘鹏飞 主观题

三、什么时候不需更换当事人

在诉讼中，争议的民事权利义务转移的，不影响当事人的诉讼主体资格和诉讼地位。人民法院作出的发生法律效力的判决、裁定对受让人具有拘束力。受让人申请替代当事人承担诉讼的，人民法院可以根据案件的具体情况决定是否准许；不予准许的，可以追加其为无独立请求权的第三人。

🄞 注意：判决、调解书生效后，当事人将判决、调解书确认的债权转让，债权受让人对该判决、调解书不服申请再审的，人民法院不予受理。

迷你案例

案情：某某银行向一审法院起诉请求众大公司偿还某某银行贷款本金及利息、罚息、复利。本案起诉后，某某银行于2016年10月8日与星河公司签订《资产转让协议》，将本案主权利及相应从权利转让给后者，众大公司在庭审中认可某某银行与星河公司的债权转让已通知众大公司。后众大公司抗辩称，当事人应变更为星河公司，某某银行已经不具备当事人资格，不应由某某银行继续进行诉讼。

问题：众大公司的主张是否成立？

[分析思路] 此案例的焦点问题是某某银行是否具备一审原告的诉讼主体资格。根据案情，某某银行在一审诉讼过程中将案涉权利转让给了星河公司。众大公司据此主张某某银行无权主张案涉权利。根据《民诉解释》第249条的规定，在诉讼中，争议的民事权利义务转移的，不影响当事人的诉讼主体资格和诉讼地位。人民法院作出的发生法律效力的判

决、裁定对受让人具有拘束力。受让人申请以无独立请求权的第三人身份参加诉讼的，人民法院可予准许。受让人申请替代当事人承担诉讼的，人民法院可以根据案件的具体情况决定是否准许；不予准许的，可以追加其为无独立请求权的第三人。故某某银行在诉讼过程中将案涉权利转让给星河公司，并不影响其诉讼主体资格和诉讼地位。众大公司主张某某银行不具备诉讼主体资格，无法律依据。适用所谓的当事人"恒定规则"并无不当。

答案：众大公司的主张无法成立。本案中，某某银行在诉讼过程中将案涉权利转让给星河公司，并不影响其诉讼主体资格和诉讼地位，因此，本案不需要更换当事人。

[法条链接]《民诉解释》第 249 条　在诉讼中，争议的民事权利义务转移的，不影响当事人的诉讼主体资格和诉讼地位。人民法院作出的发生法律效力的判决、裁定对受让人具有拘束力。

受让人申请以无独立请求权的第三人身份参加诉讼的，人民法院可予准许。受让人申请替代当事人承担诉讼的，人民法院可以根据案件的具体情况决定是否准许；不予准许的，可以追加其为无独立请求权的第三人。

考点
04

第一讲

回顾与应用

总结梳理

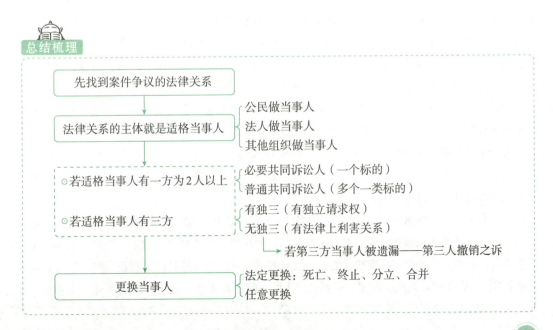

小综案例 ▶▶▶

[案情] 许大与许二系同胞兄弟，2013年2月28日，许大向某市某人民法院起诉许二，请求依法确认该市××室房屋产权归许大所有，许二协助许大办理该房所有权转移登记手续。2013年6月8日，该法院作出民事判决，确认××室房屋所有权归许大所有；许二于判决生效之日起10日内协助许大将上述房屋的所有权变更登记至许大名下。许二不服该案一审判决，向该市中级法院上诉。该案二审审理中，经中级法院主持，许大、许二自愿达成如下调解协议：①××室房屋所有权归许二所有；②许二于2014年2月10日前一次性补偿给许大30万元；③若许二未能在上述期限内足额支付补偿款30万元给许大，则××室房屋的所有权归许大所有，许二自愿放弃××室房屋的所有权；④双方当事人就本案无其他争议。2014年2月，该市中级法院制作并向当事人送达了调解书。

2016年6月，罗某向作出二审调解书的中级法院提起民事诉讼，明确表示从来没有认可许二对夫妻共同财产案涉房屋的处置，要求确认其对争议房屋享有共有权，并要求许大、许二赔偿30万元。法院经审查认为，罗某作为许二的配偶，亦是前诉两审案件中许二的委托诉讼代理人，针对与前诉相同的标的，提出否定前诉已经生效的民事调解书的诉讼请求，属于重复起诉，故裁定对罗某的起诉不予受理。

问题：

1. 法院对罗某提出的诉讼的处理是否正确？

2. 2013年6月8日，该法院作出的民事判决是否具备强制执行力？

[分析思路] 首先我们要判断罗某的诉讼地位。这个案例是一个比较复杂的案例。我们必须仔细分析罗某的诉讼请求。罗某的请求为两个：①要求确认其对争议房屋享有共有权；②要求许大、许二赔偿30万元。必须考虑的问题是这两个请求之间的关系。罗某为什么会要求许大、许二赔偿其30万元呢？原因就在于罗某认为她对房屋享有部分产权，所以，将房屋确权给许大就侵犯了她的利益，因此，要求许大和许二赔偿其30万元。如果罗某只要求确认她对房屋享有共有权，应当认定罗某属于确权诉讼的必要共同诉讼人。但罗某在基于物权主张确权的基础上，又要求给付，就取得了独立的诉讼实施权，她并非仅仅要求取得财产的一方给予其赔偿，而是要求双方当事人共同赔偿30万元。也就是说，在许大和许二的确权诉讼当中，罗某若参加诉讼，既反对许大也反对许二。从这个意义上讲，将罗某认定为本诉所遗漏的有独立请求权第三人更为恰当。

若罗某属于案外第三人，则根据《民事诉讼法》第59条第3款的规定，第三人因不能归责于本人的事由未参加诉讼，但有证据证明发生法律效力的判决、裁定、调解书的部分或者全部内容错误，损害其民事权益的，可以自知道或者应当知道其民事权益受到损害之日起6个月内，向作出该判决、裁定、调解书的人民法院提起诉讼。按照罗某的陈述，案涉房屋系其与配偶许二的夫妻共有财产。案外第三人自知道或者应当知道其民事权益受到损害之日起 6 个月内提起诉讼，是第三人撤销之诉的程序要件。法律之所以规定该起诉期间，是为了督促第三人及时行使权利，以便实现第三人利益保护与生效裁判既判力维护之间的平衡，既最大限度保护第三人的利益，又避免因该诉讼制度的存在对法律关系、交易安全和社会秩序的稳定构成长期潜在的威胁。因此，《民诉解释》第 127 条明确规定，提起第三人撤销之诉的期间为不变期间，不适用诉讼时效延长、中止、中断的规定。对于该不变期间，除法律另有规定的情况外，任何人不得以任何理由予以变更。第三人没有在该期间内提起撤销之诉，无论其是否有正当理由，均丧失了相应的诉讼权利。

答案

1. 法院对罗某提出的诉讼的处理结果是正确的。根据一、二审查明的事实，在一审和二审程序中，罗某系许二的委托诉讼代理人，故罗某应当知晓该案一审判决及二审的调解结果。在调解书作出后，罗某于 2016 年 6 月提起第三人撤销之诉，已经超过《民事诉讼法》第 59 条第 3 款规定的 6 个月的起诉期间。无论罗某提出的因存在不能归责于本人的事由而未参加调解案件的主张是否成立，其提起第三人撤销之诉的诉讼权利业已丧失。因此，裁定对罗某的起诉不予受理，处理方法是正确的。但法院处理的法律依据不恰当，不予受理并非因为重复起诉，而是因为违反起诉的时间限制。这是因为第三人撤销之诉和确权之诉的当事人不同，不能认定前诉和后诉是重复起诉。

2. 该法院作出的民事判决不具备强制执行力。原因是：一份民事判决要具备强制执行力：首先，应具备明确的给付性内容，即具备给付的财物或者给付行为的明确、具体的内容。其次，应确定生效。一审判决经过上诉才能生效，二审判决作出即生效。在本案中，虽然判决中具备协助过户的给付性内容，但是由于属于一审判决，当事人又对此提出了上诉，故此，不具备强制执行力。

所有的伟大源于一个勇敢的开始。

致奋进中的你

第 2 讲

LECTURE

02

地域管辖权的判断

刘鹏飞 主观题

　　地域管辖，是指按照各法院的辖区和民事案件的隶属关系来划分诉讼管辖。通俗地讲，就是一个案件应当由什么地方的法院来管辖。大家都知道，法院的管辖分为级别管辖和地域管辖，这些我们在客观题当中也是作为重点来讲授的。但是级别管辖由于涉及标的额的标准问题，所以很难在题目中考查。从历年主观题考题看，考试焦点均集中于地域管辖的分析判断，因此，本部分集中讲解地域管辖的相关问题。

05

判断地域管辖的一般思路

一、先判断是否存在专属管辖

专属管辖在考试中考查的内容还是比较集中的，我们采用这样的标准判断：

1. 不动产纠纷只能由不动产所在地法院管辖。

（1）不动产纠纷

不动产纠纷，是指因不动产的<u>权利确认、分割、相邻关系</u>等引起的物权纠纷。<u>农村土地承包经营合同纠纷、房屋租赁合同纠纷、建设工程施工合同纠纷、政策性房屋买卖合同纠纷</u>，按照不动产纠纷确定管辖。一般来说，不动产纠纷就是以上七种。

　　❶注意：考查的时候，比较容易涉及的是建设工程施工合同纠纷和房屋租赁合同

纠纷。

考点点拨

千万要区分不动产纠纷和涉及不动产的纠纷两种案件。不动产纠纷指的仅仅是以上七种案件，而涉及不动产的纠纷范围则非常广，如不动产抵押权纠纷就属于涉及不动产的纠纷，但却不属于不动产纠纷。

（2）不动产所在地

不动产所在地，是指不动产的登记地。实际所在地和登记地不一致的，以登记地为准；不动产未登记的，以不动产实际所在地为准。

这是基于物权法公示公信原则的考虑，以公示地作为不动产所在地。

2. 继承遗产纠纷只能由被继承人死亡时住所地或者主要遗产所在地法院管辖。

迷你案例

案情：棉花公司与王某所签订的房屋租赁合同中约定，合同有纠纷时应提交有关仲裁机关进行仲裁。棉花公司在合同履行期间又与王某、安某签订了转让协议，约定将王某在房屋租赁合同中享有的权利与义务转让给安某，三方在该转让协议履行过程中如发生争议不能协商解决时，向房屋所在地的法院提起诉讼。后，因合同履行发生纠纷，棉花公司将王某与安某诉至不动产所在地的海淀法院。王某、安某认为，应将本案移送仲裁机构仲裁。其主要理由为，本案合同中约定有仲裁条款，应由相关仲裁机构审理，受案法院对本案无管辖权。

考点
05

问题：王某、安某的主张是否成立？

[分析思路] 本案主要讨论的焦点是仲裁协议是否有效。本案中，棉花公司与王某所签订的房屋租赁合同中约定，合同有纠纷时应提交有关仲裁机关进行仲裁，但该约定中的"仲裁机关"一语具体的指向不明，双方对此无法达成一致意见。据此，可以认定该仲裁协议中没有约定明确的仲裁机构，属于仲裁协议无效的法定情形。况且棉花公司在合同履行期间又与王某、安某签订了转让协议，约定将王某在房屋租赁合同中享有的权利与义务转让给安某，三方在该转让协议履行过程中如发生争议不能协商解决时，向房屋所在地的法院提起诉讼。仲裁协议具有相对性，因为仲裁协议是棉花公司和王某所签订的，因此对安某并不具备约束力。另外，即便仲裁协议对安某具有约束力，但当事人同时又约定可以向法院提起诉讼，这种约定了既可诉讼也可仲裁的仲裁协议是无效的。综上所述，本案中约定仲裁的条款无效。另外，房屋租赁合同纠纷按照不动产纠纷确定管辖，由不动产所在地人民法院专属管辖。本案不动产所在地位于北京市海淀区，位于一审法院辖区，一审法院具有管辖权。

答案：王某、安某的主张无法成立。因本案中约定的仲裁条款不明确，故仲裁条款无效。因此，纠纷只能通过诉讼解决。而本案涉及房屋租赁合同纠纷，属于专属管辖，应由不动产所在地海淀区人民法院管辖。

[法条链接]

《民事诉讼法》

第34条　下列案件，由本条规定的人民法院专属管辖：

（一）因不动产纠纷提起的诉讼，由不动产所在地人民法院管辖；

（二）因港口作业中发生纠纷提起的诉讼，由港口所在地人民法院管辖；

（三）因继承遗产纠纷提起的诉讼，由被继承人死亡时住所地或者主要遗产所在地人民法院管辖。

第177条　第二审人民法院对上诉案件，经过审理，按照下列情形，分别处理：

（一）原判决、裁定认定事实清楚，适用法律正确的，以判决、裁定方式驳回上诉，维持原判决、裁定；

（二）原判决、裁定认定事实错误或者适用法律错误的，以判决、裁定方式依法改判、撤销或者变更；

（三）原判决认定基本事实不清的，裁定撤销原判决，发回原审人民法院重审，或者查清事实后改判；

（四）原判决遗漏当事人或者违法缺席判决等严重违反法定程序的，裁定撤销原判决，发回原审人民法院重审。

原审人民法院对发回重审的案件作出判决后，当事人提起上诉的，第二审人民法院不得再次发回重审。

第178条　第二审人民法院对不服第一审人民法院裁定的上诉案件的处理，一律使用裁定。

《民诉解释》第28条　民事诉讼法第34条第1项规定的不动产纠纷是指因不动产的权利确认、分割、相邻关系等引起的物权纠纷。

农村土地承包经营合同纠纷、房屋租赁合同纠纷、建设工程施工合同纠纷、政策性房屋买卖合同纠纷，按照不动产纠纷确定管辖。

不动产已登记的，以不动产登记簿记载的所在地为不动产所在地；不动产未登记的，以不动产实际所在地为不动产所在地。

刘鹏飞 主观题

二、无专属管辖，则判断是否存在协议管辖及协议是否有效

协议管辖是法律明确的管辖规则。根据《民事诉讼法》和《民诉解释》的规定，合同或者其他财产权益纠纷的当事人可以协议约定管辖法院，但应当满足"管辖法院能够确定"这一条件。《民事诉讼法》第35条规定，合同或者其他财产权益纠纷的当事人可以书面协议选择被告住所地、合同履行地、合同签订地、原告住所地、标的物

所在地等与争议有实际联系的地点的人民法院管辖，但不得违反本法对级别管辖和专属管辖的规定。《民诉解释》第 30 条第 1 款规定，根据管辖协议，起诉时能够确定管辖法院的，从其约定；不能确定的，依照《民事诉讼法》的相关规定确定管辖。

判断题目中的协议管辖是否有效，就是要判断其是否符合协议管辖的有效条件。协议管辖有效的条件包括：

案　由	形　式	对　象	范　围
只有合同或其他财产权益纠纷可以协议管辖，因同居或离婚、解除收养关系发生的财产争议可协议管辖。	必须采用书面协议，口头协议无效。经营者用格式条款订立管辖协议必须采用合理方式提醒消费者注意，否则该管辖协议无效。	只能协议选择一审案件的地域管辖，不能协议选择级别管辖。	可以选择被告住所地、合同履行地、合同签订地、原告住所地、标的物所在地等与争议有实际联系的地点作为管辖法院。

　　注意： 请思考，在一起买卖合同纠纷案中，当事人在合同中约定，发生纠纷时"由守约方所在地人民法院处理"，本案中的协议管辖是否有效？要正确回答这个问题，就要考虑到当事人虽然约定了管辖法院，但是，当事人是否存在违约行为只有通过人民法院实体审理后才能确定，因此，上述约定属于约定不明，应认定为无效条款。根据《民事诉讼法》第 24 条的规定，此时应由被告住所地或者合同履行地人民法院管辖。若原告选择向被告住所地人民法院提起诉讼，受诉人民法院应当予以受理。

考点点拨

　　协议管辖中也存在合同履行地，这里的合同履行地确定和特殊地域管辖当中合同履行地确定是否一样呢？

　　可以肯定，这两种履行地的意义是一样的。当事人可以约定合同在哪里履行，这叫作约定合同履行地，若不存在协议管辖，此时，约定的履行地就是特殊地域管辖中的合同履行地，除此之外，被告住所地对本案也有管辖权。而当事人若达成管辖协议，并约定本案由合同履行地来管，则本案的合同履行地也有管辖权。

迷你案例

　　案情：上诉人乙方黄某因与被上诉人甲方海金公司在采购合同中约定了解决纠纷的管辖法院为"甲方管辖权当地的法院"，双方当事人在采购合同产生纠纷后，黄某上诉称，双方在合同中约定的"甲方管辖权当地的法院"，客观上不存在，无法根据此约定确定本案的

考点
05

管辖法院，应当视为未对管辖法院进行明确有效的约定，根据法律规定应由接收货币方所在地或者合同履行地人民法院管辖。

问题：黄某上诉中的说法是否成立？

[分析思路] 上诉人黄某因与被上诉人海金公司采购合同产生纠纷后，提起的诉讼，属于合同纠纷案件。根据《民事诉讼法》第35条的规定，合同或者其他财产权益纠纷的当事人可以书面协议选择被告住所地、合同履行地、合同签订地、原告住所地、标的物所在地等与争议有实际联系的地点的人民法院管辖，但不得违反本法对级别管辖和专属管辖的规定。双方当事人在合同中约定了解决纠纷的管辖法院为"甲方管辖权当地的法院"，虽然表意和一般情况有所差别，但甲方为海金公司，甲方管辖权当地就应认定为甲方所在地，所以，约定明确；该案件属于财产纠纷，符合协议管辖的法定要件，依法有效，不应该按照特殊地域管辖确定管辖法院。

答案：该说法不能成立。因为本案属于合同纠纷，双方当事人约定的由甲方管辖权当地法院管辖，应认定为一方当事人住所地法院管辖，符合《民事诉讼法》及其司法解释中规定的协议管辖的条件，应认定为有效。

[法条链接]《民事诉讼法》第35条　合同或者其他财产权益纠纷的当事人可以书面协议选择被告住所地、合同履行地、合同签订地、原告住所地、标的物所在地等与实际联系的地点的人民法院管辖，但不得违反本法对级别管辖和专属管辖的规定。

三、无协议管辖，则按照特殊地域管辖的规定判断

（一）合同案件该由哪里管

根据《民事诉讼法》及其司法解释的规定，合同约定了履行地但未实际履行，当事人双方住所地又都不在合同约定的履行地的，合同纠纷只能由被告住所地法院管辖；其他情况，合同纠纷一律应由合同履行地或被告住所地法院管辖。

🄾注意：这里说的其他情况，指的是合同已经实际履行或者合同虽然未履行，但约定的合同履行地就在双方当事人住所地的，此时合同履行地法院对案件有管辖权。

对上述规定，还有下面的具体适用规则需要同学们掌握：

1. 合同履行地确定规则

（1）有约定，从约定。约定了合同履行地的，以约定地作为合同履行地。

🄾注意：约定的履行地和实际的履行地不一致的，以约定的履行地为准。主观题考试中，实际履行地一般都没有用。

（2）无约定，从法定。无约定或约定不明的，按照下列法定规则确定合同履行地：

❶ 即时结清的合同，以交易行为地作为履行地。

❷ 没有及时结清的合同

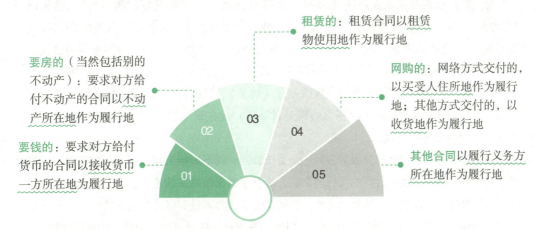

租赁的：租赁合同以租赁物使用地作为履行地

要房的（当然包括别的不动产）：要求对方给付不动产的合同以不动产所在地作为履行地

网购的：网络方式交付的，以买受人住所地作为履行地；其他方式交付的，以收货地作为履行地

要钱的：要求对方给付货币的合同以接收货币一方所在地为履行地

其他合同以履行义务方所在地作为履行地

❶ **注意**：只要不是上述要钱、要房、租赁、网购四大类合同，都属于其他合同范畴。

2. 被告住所地确定规则

户籍所在地为被告住所地，有经常居住地的，经常居住地法院优先管辖。

❶ **注意**：如果被告有经常居住地，经常居住地永远优先于住所地管辖。

3. 若合同纠纷涉及的合同为运输合同，则适用特殊的规则：

运输合同是一类特殊的合同，因合同履行具有动态性和持续性，因此，若原告以违反运输合同为由起诉，此时不按照合同履行地和被告住所地来管辖，而是由运输始发地、运输目的地或被告住所地法院管辖。

其中，始发地也就是出发的地点，目的地则为应抵达的地点。

迷你案例

案情：姚某与徐某签订《赴日签证办理委托协议》，由姚某委托徐某帮助其办理变更为日本国籍及签证等事宜。后双方发生纠纷，姚某将徐某诉至法院并要求徐某返还缴纳的服务合同的服务费。徐某认为，双方当事人签订的合同的法律性质应是委托合同，合同的核心义务即办理赴日签证，应在日本履行，所以，该合同的履行地为日本。据此，受案的原告住所地昌平区法院不是本案的合同履行地法院。综上，应将本案移送至被告徐某的住所地法院——东昌府区法院审理。

问题：徐某的观点是否符合法律和司法解释的规定？

[**分析思路**] 首先，《民诉解释》第18条第2款的规定针对的是给付之诉。本案中，姚某的诉讼请求是要求徐某返还服务费，从诉的种类讲，属于给付之诉，故应当依照上述司法解释的规定认定本案的合同履行地为接收货币一方住所地。其次，本案中，姚某要求徐某所给付的内容为服务费。因此，本案的"给付标的"为给付货币，姚某作为该义务中接收货币的一方，其住所地即为合同的履行地。

考点 ❺

要注意：徐某的观点混淆了"合同主义务履行地"与"争议标的履行地"。徐某以"办理赴日签证，应在日本履行"为由主张合同履行地在日本，但本案争议标的为"返还服务费"，其履行地应依《民诉解释》第 18 条的规定单独判断。另外，徐某未考虑退款争议的履行地规则，错误排除了昌平区法院的管辖权。姚某主张徐某应返还已支付的服务费，争议标的属于"给付货币"，故接收货币一方（姚某）的住所地（昌平区）应被认定为合同履行地。即使徐某主张核心义务（办理赴日签证）应在日本履行，但退款争议的履行地独立于合同主义务履行地。

至于该合同的法律性质是服务合同还是委托合同，均不影响对该合同履行地的认定。据此，昌平区法院作为涉案合同的履行地法院，基于原审原告姚某的选择，取得了对本案的管辖权。徐某的说法没有法律依据。当然，徐某住所地法院东昌府区法院也有管辖权，不过基于选择管辖的要求，原告没有选择向东昌府区法院起诉，东昌府区法院就无法取得管辖权。

答案：徐某的观点不符合法律和司法解释的规定。因为本案中的合同为给付货币的合同，所以，在双方当事人未约定合同履行地时，应由接收货币一方所在地法院管辖。因此，原告方作为接收货币一方，其住所地昌平区法院对本案有管辖权，不应移送管辖。

[法条链接]《民诉解释》第 18 条　合同约定履行地点的，以约定的履行地点为合同履行地。

合同对履行地点没有约定或者约定不明确，争议标的为给付货币的，接收货币一方所在地为合同履行地；交付不动产的，不动产所在地为合同履行地；其他标的，履行义务一方所在地为合同履行地。即时结清的合同，交易行为地为合同履行地。

合同没有实际履行，当事人双方住所地都不在合同约定的履行地的，由被告住所地人民法院管辖。

（二）侵权案件的特殊地域管辖

由侵权行为地或被告住所地法院管辖，侵权行为地包括侵权行为实施地和侵权结果发生地。但在考试中，要注意三种特殊情况下的侵权，即：

1. 若属于产品质量侵权纠纷，由产品制造地、产品销售地、侵权行为地或被告住所地法院管辖。

2. 若属于服务质量侵权纠纷，由服务提供地、侵权行为地或被告住所地法院管辖。

3. 以交通事故侵权损害赔偿纠纷为由起诉，由事故发生地，车辆、船舶最先到达地，航空器最先降落地或被告住所地法院管辖。

➊注意：考试中，只要记住以交通事故侵权损害赔偿纠纷为由起诉，由事故发生地、被告住所地法院管辖即可，一般都是考这两个管辖地。

（三）公司诉讼的特殊地域管辖

公司诉讼，是指下列特殊纠纷，仅仅包括公司设立、解散、分立、合并、变更登记纠纷，公司决议、分配利润、增减资纠纷，公司确认股东资格、股东名册记载、股东知情权纠纷，这些特殊纠纷由<u>公司住所地法院管辖</u>。在考试时，要注意公司诉讼的当事人确定和管辖权确定问题中与商法知识的结合。

💡注意：以上案件中，当事人可以自由选择起诉的法院，同时向多个法院起诉的，谁先立案，谁取得排他管辖权。

四、无特殊规则，则按照一般地域管辖的规定判断

（一）一般地域管辖的确定方式

一般地域管辖的确定原则是"原告就被告"，即以被告所在地作为确定管辖的标准。

1. 公民为被告

由被告住所地或经常居住地管辖，住所地即户籍所在地，经常居住地是公民离开住所地，至起诉时连续居住 1 年以上的地方；二者不一致，以<u>经常居住地</u>为准。

💡注意：二者不一致，只能由经常居住地管，此时住所地没有管辖权，而非二者均有管辖权。

2. 法人或其他组织为被告

由其主要办事机构所在地管辖，无法确定主要办事机构所在地，则由登记注册地管辖。

（二）一般地域管辖的例外

有下列情形之一的，以原告所在地为管辖地：

1. 被告被采取强制性教育措施或被监禁。

对此情形，具体可以理解为：强制性教育措施是一种行政处罚，适用的对象主要包括卖淫人员、嫖娼人员、吸毒成瘾人员、因不满 16 周岁不予刑事处罚的未成年人等，措施的内容包括劳动教养（目前已被废止）、收容教养（针对未成年人）、收容教育（针对卖淫嫖娼人员）、强制隔离戒毒（针对吸毒人员）等。而监禁属于限制人身自由的刑事处罚措施。

2. 被告被注销户籍。

💡注意：只有被告出现特殊情况，才是被告就原告，若双方都被强制教育或监禁或双方都被注销户籍，依然原告就被告。

3. 被告不在中国境内居住、下落不明或宣告失踪的身份诉讼。

这里说的身份诉讼，包括离婚纠纷、收养纠纷、赡养纠纷等与身份关系有关的诉讼。

迷你案例

案情：齐某向杜某借款，杨某为齐某提供担保。后齐某未及时还款，杜某将杨某和齐某诉至长安区法院。

杨某辩称，自己为齐某欠款案作担保，根据相关规定，本案应由主合同的管辖法院也

就是债权人住所地法院新乐市人民法院管辖。其次，齐某因为涉嫌犯罪在鹿泉区监狱服刑1年多，根据《民诉解释》第8条的规定，被告被监禁或者被采取强制性教育措施1年以上的，由被告被监禁地或者被采取强制性教育措施地人民法院管辖，即本案应由鹿泉区人民法院管辖。

据法院查明，齐某自2015年8月被关押在鹿泉区监狱，经电话咨询鹿泉区监狱狱政科，齐某已于2017年2月5日刑满释放，常住人口登记卡信息载明，齐某近2年来一直居住在长安区。

问题：杨某的主张是否成立？

[分析思路] 首先肯定，本案应依据主合同来确定担保合同的管辖权，因本案被告是齐某，所以齐某住所地法院对本案具有管辖权。其次，债权人住所地作为接收货币一方所在地，可以认定为合同的履行地。所以，债权人所在地的新乐市人民法院对本案也具有管辖权。《民事诉讼法》第22条第1款规定："对公民提起的民事诉讼，由被告住所地人民法院管辖；被告住所地与经常居住地不一致的，由经常居住地人民法院管辖。"

本案中，原审被告之一齐某自2015年8月被关押在鹿泉区监狱，但已经刑满释放。所以，鹿泉区监狱并非齐某的经常居住地，鹿泉区人民法院对本案并不具有管辖权。常住人口登记卡信息载明，齐某现居住于长安区，故其经常居住地长安区人民法院对本案具有管辖权。又根据《民事诉讼法》第36条的规定，2个以上人民法院都有管辖权的诉讼，原告可以向其中一个人民法院起诉。因此，原审原告选择向被告经常居住地法院起诉符合法律规定。新乐市人民法院和长安区人民法院对本案都具有管辖权，所以，杨某的主张不能成立。

答案：杨某的主张不能成立。本案涉及主合同和担保合同，应按照主合同确定案件的管辖。因本案属于给付货币的民间借贷合同，故应由合同履行地或被告住所地法院管辖，合同履行地应认定为接收货币一方所在地，即本案中债权人住所地新乐市。而长安区是被告经常居住地，故新乐市人民法院和长安区人民法院对本案都具有管辖权，法院不应移送管辖。

[法条链接]《民事诉讼法》

第22条　对公民提起的民事诉讼，由被告住所地人民法院管辖；被告住所地与经常居住地不一致的，由经常居住地人民法院管辖。

对法人或者其他组织提起的民事诉讼，由被告住所地人民法院管辖。

同一诉讼的几个被告住所地、经常居住地在2个以上人民法院辖区的，各该人民法院都有管辖权。

第36条　2个以上人民法院都有管辖权的诉讼，原告可以向其中一个人民法院起诉；原告向2个以上有管辖权的人民法院起诉的，由最先立案的人民法院管辖。

（三）例外的例外

发生以下情况，原告和被告住所地法院对本案都可以管辖：

1. "追三费"案件——追索抚养费、扶养费、赡养费纠纷的几个被告不在同一辖区。

2. 被告离开住所地超 1 年的离婚诉讼。

🄳**注意**：只有被告，若双方都离开住所地超 1 年，依然原告就被告。

迷你案例

案情：2003 年，曹某与被告张某二人经人介绍相识后，按农村习俗举办婚礼，张某自愿入赘曹某家做儿子并改姓名为曹某敏，且双方签订了《招子协议》，故张某自 2003 年起更名为曹某敏并取得都昌县户籍。2011 年春节后，张某因家庭矛盾离开都昌县一直未归。曹某认为夫妻双方感情已彻底破裂，遂于 2017 年 7 月 6 日向其住所地都昌县人民法院提起离婚诉讼。张某主张，因自己已经离开都昌县很多年，所以该法院对本案无管辖权。

问题：张某的说法是否成立？

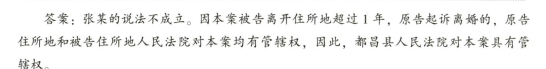

[**分析思路**] 本诉讼属于夫妻一方离开住所地的离婚诉讼，根据《民诉解释》第 12 条第 1 款的规定，夫妻一方离开住所地超过 1 年，另一方起诉离婚的案件，可以由原告住所地人民法院管辖。因此，本案原告即曹某住所地都昌县人民法院对本案具有管辖权。另外，从便于本案诉讼及处理纠纷的角度出发，由都昌县人民法院审理本案亦更为适宜。张某的说法无法律依据。

答案：张某的说法不成立。因本案被告离开住所地超过 1 年，原告起诉离婚的，原告住所地和被告住所地人民法院对本案均有管辖权，因此，都昌县人民法院对本案具有管辖权。

[**法条链接**]《民诉解释》第 12 条　夫妻一方离开住所地超过 1 年，另一方起诉离婚的案件，可以由原告住所地人民法院管辖。

夫妻双方离开住所地超过 1 年，一方起诉离婚的案件，由被告经常居住地人民法院管辖；没有经常居住地的，由原告起诉时被告居住地人民法院管辖。

06

管辖错误之后的救济路径

一、从法院的角度考虑

1. 法院受理案件后，发现自己对案件没有管辖权，纠错的方法就是<u>移送管辖</u>——依法将案件移送到有管辖权的法院（我们按照前面的思路判断得到的法院）审理。

对此规定，可以从以下三个层次加以理解：

01	02	03
移送案件的法院已经受理，若未受理，只需要裁定不予受理	可以在不同地域、不同级别的法院之间移送	受移送法院认为自己无管辖权，不能再次自行将案件移送回原法院或移送至第三方，要报请自己上级法院指定管辖

迷你案例

案情：原告凯天公司与被告建安公司建设工程施工合同纠纷一案，湖南省资兴市人民法院于 2016 年 9 月 29 日立案受理。该院认为，原、被告双方签订的合同中约定争议的解决方式为由发包方所在地人民法院即湖南省长沙县人民法院管辖，因此于 2016 年 11 月 4 日作出民事裁定，将本案移送湖南省长沙县人民法院处理。

长沙县人民法院认为，本案建设工程所在地位于郴州市某区，不属于长沙县地域范围，故长沙县人民法院对本案无管辖权。依据相关法律规定，长沙县人民法院将本案层报长沙市中级人民法院。

问题：

1. 长沙县人民法院的做法是否正确？

2. 长沙市中级人民法院应如何做？

[分析思路] 根据《民事诉讼法》第 34 条第 1 项的规定，不动产纠纷，由不动产所在地人民法院专属管辖。

根据《民诉解释》第 28 条第 2 款的规定，建设工程施工合同纠纷，按照不动产纠纷确定管辖。

本案原、被告双方签订的合同中的约定管辖违反了专属管辖规定，为无效条款。本案为建设工程施工合同纠纷，合同载明工程施工地点在郴州市某区，应由不动产所在地的郴州市某区人民法院管辖，湖南省长沙县人民法院对本案没有管辖权。但长沙县为接受移送的法院，不得再自行移送，其报请长沙市中级人民法院裁定的做法是正确的。

涉案不动产所在地不属于湖南省长沙县地域范围，湖南省长沙县人民法院对本案不具有管辖权。但长沙市中级人民法院并非郴州市某区人民法院的上级法院，无权指定其管辖。长沙市中级人民法院应将本案报请其上级法院湖南省高级人民法院指定管辖。

答案：

1. 长沙县人民法院的做法是正确的。原因是：本案涉及专属管辖，湖南省长沙县人民法院对本案没有管辖权。但长沙县人民法院为接受移送的法院，不得再自行移送，应报请长沙市中级人民法院裁定管辖。

刘鹏飞 主观题

2. 长沙市中级人民法院应将本案报请其上级法院湖南省高级人民法院指定管辖。因为涉案不动产所在地不属于湖南省长沙县地域范围，湖南省长沙县人民法院对本案不具有管辖权，但长沙市中级人民法院并非郴州市某区人民法院的上级法院，无权指定其管辖。

[法条链接]

《民事诉讼法》

第 34 条　下列案件，由本条规定的人民法院专属管辖：

（一）因不动产纠纷提起的诉讼，由不动产所在地人民法院管辖；

（二）因港口作业中发生纠纷提起的诉讼，由港口所在地人民法院管辖；

（三）因继承遗产纠纷提起的诉讼，由被继承人死亡时住所地或者主要遗产所在地人民法院管辖。

第 38 条　有管辖权的人民法院由于特殊原因，不能行使管辖权的，由上级人民法院指定管辖。

人民法院之间因管辖权发生争议，由争议双方协商解决；协商解决不了的，报请它们的共同上级人民法院指定管辖。

《民诉解释》

第 28 条　民事诉讼法第 34 条第 1 项规定的不动产纠纷是指因不动产的权利确认、分割、相邻关系等引起的物权纠纷。

农村土地承包经营合同纠纷、房屋租赁合同纠纷、建设工程施工合同纠纷、政策性房屋买卖合同纠纷，按照不动产纠纷确定管辖。

不动产已登记的，以不动产登记簿记载的所在地为不动产所在地；不动产未登记的，以不动产实际所在地为不动产所在地。

第 40 条　依照民事诉讼法第 38 条第 2 款规定，发生管辖权争议的两个人民法院因协商不成报请它们的共同上级人民法院指定管辖时，双方为同属一个地、市辖区的基层人民法院的，由该地、市的中级人民法院及时指定管辖；同属一个省、自治区、直辖市的两个人民法院的，由该省、自治区、直辖市的高级人民法院及时指定管辖；双方为跨省、自治区、直辖市的人民法院，高级人民法院协商不成的，由最高人民法院及时指定管辖。

依照前款规定报请上级人民法院指定管辖时，应当逐级进行。

第 41 条　人民法院依照民事诉讼法第 38 条第 2 款规定指定管辖的，应当作出裁定。

对报请上级人民法院指定管辖的案件，下级人民法院应当中止审理。指定管辖裁定作出前，下级人民法院对案件作出判决、裁定的，上级人民法院应当在裁定指定管辖的同时，一并撤销下级人民法院的判决、裁定。

2. 若接受移送的法院和移送的法院发生了争议，应协商，协商不成的，应分别逐级上报二者的共同上级法院，由共同上级法院作出裁定，指定管辖。

考点
06

考点点拨

同学们经常搞混，什么时候报共同上级？什么时候报自己上级？

这里应这样区分：若两法院发生争议，应报二者共同上级指定管辖；而若仅是某法院认为自己没有管辖权，却未与其他法院发生管辖权争议，则应报自己上级法院指定管辖。

ⓘ **注意**：只有某法院的上级法院，才有权指定该法院管辖本案。例如，山东的中级法院，不能指定福建的基层法院审理某案件。

迷你案例

案情：黄某在江某经营的淘宝店铺中购买了卤味熟食。黄某在福建省莆田市秀屿区收货食用后出现腹泻等症状，并发现食品包装不符合规定，遂起诉江某和浙江淘宝网络有限公司。

莆田市秀屿区人民法院认为，本案两被告江某、浙江淘宝网络有限公司住所地分别在四川省绵阳市和浙江省杭州市。对于合同履行地，根据黄某提供的证据，其购买货物时与淘宝店铺约定通过快递公司运输货物，故江某将货物交给承运的快递公司即完成交付义务，本案合同履行地应为快递公司揽件的四川省成都市锦江区。本院对本案不具有管辖权，为便利当事人进行诉讼，裁定本案移送四川省成都市锦江区人民法院处理。

问题：若四川省高级人民法院认为本案存在争议，应如何处理？

[分析思路] 根据原告黄某起诉的诉讼请求、所述的事实理由及所提交的证据材料，本案为买卖合同纠纷。根据《民诉解释》第20条"以信息网络方式订立的买卖合同，通过信息网络交付标的的，以买受人住所地为合同履行地；通过其他方式交付标的的，收货地为合同履行地。合同对履行地有约定的，从其约定"的规定，本案属于线上订立、线下交货的买卖合同，合同双方约定的收货地点即福建省莆田市秀屿区为合同履行地，原审原告选择向合同履行地的莆田市秀屿区人民法院起诉符合《民事诉讼法》第24条之规定，莆田市秀屿区人民法院对本案享有管辖权。四川省高级人民法院可以发函给福建省高级人民法院协商解决管辖争议。

答案：对于本案发生的争议，四川高院应与福建高院协商解决管辖权争议，协商不成的，应报请共同上级最高人民法院指定管辖。

[法条链接]

《民诉解释》第20条 以信息网络方式订立的买卖合同，通过信息网络交付标的的，以买受人住所地为合同履行地；通过其他方式交付标的的，收货地为合同履行地。合同对履行地有约定的，从其约定。

《民事诉讼法》第 24 条　因合同纠纷提起的诉讼，由被告住所地或者合同履行地人民法院管辖。

二、从当事人的角度考虑

在一审诉讼程序中的答辩期内，当事人（包括原被告，不包括第三人）认为地域管辖或级别管辖有错误的，可以提出管辖权异议。

在考试中，要注意提出管辖权异议的三个要件：

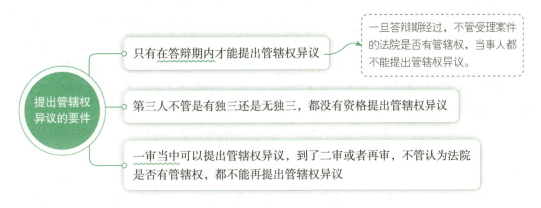

法院对异议进行审查，应在 15 日内作出裁定：异议成立的，移送管辖；异议不成立的，裁定驳回。当事人不服管辖权异议裁定，可在 10 日内向上级法院上诉。

注意：如果甲法院将案件移送给乙法院，对于乙法院对本案是否有管辖权，当事人能提管辖权异议吗？这个问题曾长期存在争议。但是从最高法院的判例看，无疑是承认了这种情况下当事人可以提出管辖权异议。大家考试就按照最高法院的权威观点来处理就可以。

三、法院不得移送管辖、当事人也不得提出管辖权异议的情况

应诉管辖：当事人未提出管辖异议，并应诉答辩的（不异议，却答辩），视为受诉法院有管辖权，但违反级别管辖和专属管辖规定的除外。

此时，发生两种法律效果，大家必须牢记：

1. 一旦构成应诉管辖，受理案件的法院即取得管辖权，当事人不得提出管辖权异议。

2. 应诉管辖后，法院取得管辖权，就不得再以对本案无管辖权为由移送管辖。

迷你案例

案情：赵某将王某 1、王某 2、王某 3 三人起诉至青海省西宁市城北区法院。庭审结束后，三人对管辖权提出异议，认为应由其住所地互助土族自治县法院管辖，青海省西宁市城北区仅为暂时租住地。原审法院受理案件后对管辖权未进行审查，也未征得上诉人的意见、询问其是否对管辖权有异议，显然不公正，因此原审法院对本案没有管辖权。法院驳

考点 06

回了当事人的管辖权异议，当事人就此提出上诉。

问题：对于当事人对管辖权异议提出的上诉，法院应如何处理？

[分析思路] 根据《民事诉讼法》第130条第1款的规定，人民法院受理案件后，当事人对管辖权有异议的，应当在提交答辩期间提出。据此，王某1、王某2、王某3如认为原审法院对本案没有管辖权应当在答辩期届满前提出，而王某1、王某2、王某3在一审开庭结束后才提出管辖异议，已超过法律规定的提出管辖权异议期间。根据《民事诉讼法》第130条第2款和《民诉解释》第223条第2款之规定，当事人未提出管辖异议，并应诉答辩或者提出反诉的，视为受诉人民法院有管辖权，但违反级别管辖和专属管辖规定的除外；当事人未提出管辖异议，就案件实体内容进行答辩、陈述或者反诉的，可以认定为《民事诉讼法》第130条第2款规定的应诉答辩。本案中，王某1、王某2、王某3在法律规定期间未提出管辖异议，就案件实体内容进行了答辩和陈述，应认定为应诉答辩。受诉法院青海省西宁市城北区法院视为对本案有管辖权。但法院裁定驳回当事人对管辖权异议的做法也是错误的。因答辩期届满，当事人已丧失管辖权异议的权利，法院根本就不应对管辖权异议进行审查，正确的做法是不予审查管辖权异议。

答案：法院应裁定撤销一审法院作出的驳回管辖权异议的裁定，裁定对管辖权异议不予审查。因为在一审答辩期内，上诉人未提出管辖权异议，却应诉答辩，视为一审法院已经取得了对案件的管辖权，因此，对当事人提出的管辖权异议应不予审查而非审查后驳回。

[法条链接]

《民事诉讼法》第130条 人民法院受理案件后，当事人对管辖权有异议的，应当在提交答辩状期间提出。人民法院对当事人提出的异议，应当审查。异议成立的，裁定将案件移送有管辖权的人民法院；异议不成立的，裁定驳回。

当事人未提出管辖异议，并应诉答辩或者提出反诉的，视为受诉人民法院有管辖权，但违反级别管辖和专属管辖规定的除外。

《民诉解释》第223条 当事人在提交答辩状期间提出管辖异议，又针对起诉状的内容进行答辩的，人民法院应当依照民事诉讼法第130条第1款的规定，对管辖异议进行审查。

当事人未提出管辖异议，就案件实体内容进行答辩、陈述或者反诉的，可以认定为民事诉讼法第130条第2款规定的应诉答辩。

四、管辖权恒定

管辖权恒定原则解决的问题是，若诉讼中因客观原因导致确定管辖的因素有所变化，受诉法院不因此丧失管辖权，原来受理案件的法院可以继续审理。

但应注意有一个例外，若当事人在诉讼中反诉、增加或变更诉讼请求（属于当事人的主观行为），存在恶意规避管辖权可能，受诉法院会丧失级别管辖权，原来受理案件的法院需要移送管辖。

注意：只要法院受理案件时有地域管辖权，不管发生什么情况，都将永远拥有地域管辖权。

迷你案例

案情：原被告双方签订建设工程施工合同，原告重庆祥云公司起诉被告绿源公司到中级法院，请求依法判令被告支付原告工程款、利息、资金占用费及各项损失共计 4042 万元。诉讼中，原告申请变更诉讼请求为依法判令被告支付原告工程款、利息、资金占用费及各项损失共计 5881 万元，并请求将案件移送贵州省高级人民法院审理。被告在提交答辩状期间未对管辖权提出异议。

最高人民法院《关于同意贵州省高级人民法院调整辖区内第一审民商事案件管辖标准的批复》（法〔2016〕428 号）第 2 条规定："当事人一方住所地不在贵州省辖区的第一审民商事案件，贵州省高级人民法院管辖诉讼标的额 5000 万元以上一审民商事案件，所辖中级人民法院管辖诉讼标的额 1000 万元以上一审民商事案件。"

问题：法院应如何处理？

[分析思路] 本案原争议标的额为 4042 万元，原属中级法院一审民商事受案范围，但由于诉讼中，原告将诉讼请求增加至 5881 万元，从级别管辖上，案件已不属该院管辖范围。根据《民诉解释》第 39 条第 1 款"人民法院对管辖异议审查后确定有管辖权的，不因当事人提起反诉、增加或者变更诉讼请求等改变管辖，但违反级别管辖、专属管辖规定的除外"的规定，人民法院立案受理民事案件后，不因诉讼请求的增加或变更而改变管辖，但不得违反级别管辖和专属管辖的规定。本案属于立案后当事人增加诉讼请求的案件（前述所谓的主观原因），其诉讼请求的增加导致法院对案件没有管辖权，法院应当按照《最高人民法院关于审理民事级别管辖异议案件若干问题的规定》第 1 条的规定进行审查并作出裁定，祥云公司可请求将案件移送有管辖权的人民法院处理。故法院应将案件移送贵州省高级人民法院处理。

答案：中级法院应裁定将案件移送贵州省高级法院。本案因当事人增加诉讼请求导致受理法院丧失级别管辖权，不适用管辖权恒定原则，应由受诉法院移送上级法院审理。

[法条链接]《民诉解释》第 39 条　人民法院对管辖异议审查后确定有管辖权的，不因当事人提起反诉、增加或者变更诉讼请求等改变管辖，但违反级别管辖、专属管辖规定的除外。

人民法院发回重审或者按第一审程序再审的案件，当事人提出管辖异议的，人民法院不予审查。

考点 06

第二讲
▶▶▶ 回顾与应用 ◀◀◀

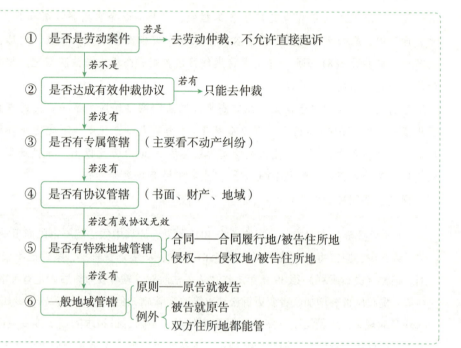

[案情] A省秀盈公司是秀盈控股公司设立的分公司。2010年1月，A省秀盈公司与位于A省B市的群力煤矿、银业集团有限公司（以下简称"银业集团"）共同签署《协议书》，约定群力煤矿全面退出与银业集团的合作项目，退出18个煤矿兼并重组整合项目，由秀盈控股公司进入上述两项项目，合同相关义务一律在B市履行。

群力煤矿按照《协议书》约定，履行了合同的相关义务。2011年3月，群力煤矿致函秀盈控股公司，要求先行支付60亿元预付款中的3亿元。随后，秀盈控股公司分别于2011年3月28日、2011年4月27日分两笔归还了累计3亿元预付款。因《协议书》约定的其他款项给付需待审计确认后方可进行，2010年7月5日，受秀盈公司委托，某会计师事务所有限公司出具《群力集团接管银业集团下属10家企业及其他 7 家煤矿期间垫支资金情况的调查报告》。该报告显示群力煤矿垫支金额共计 19 203.95 万元，2011 年 12 月 8 日和 13 日，秀盈公司对调查报告结果进行了书面确认。2011 年 12 月 14 日，B 市中院受理在审理群力煤矿破产清算程序过程中，群力煤矿作为原告向秀盈公司递交了《关于尽快归还群力集团资金的函》，要求归还剩余预付款及垫支资金共计 6 668 929 031.95 元。但是，秀盈公司、秀盈控股公司至起诉时一直没有归还。故 B 市群力煤矿起诉至 B 市中院，要求 A 省秀盈公司、秀盈控股公司履行其债务。

秀盈控股公司在一审提交答辩状期间提出管辖权异议，认为：B 市群力煤矿是依据 B 市群力煤矿与银业集团及 A 省秀盈公司所签订的《协议书》提起诉讼，而秀盈控股公司并非该《协议书》的当事人。另据《民事诉讼法》第 24 条 "因合同纠纷提起的诉讼，由被告住所地或者合同履行地人民法院管辖" 之规定，秀盈控股公司的住所地及本合同实际履行地均在香港，故本案应由香港相关法院管辖受理，一审法院无权管辖受理，请求裁定驳回 B 市群力煤矿的起诉。B 市中院将案件移送到 A 省高院审理。

问题：

1. 本案的原告是否合法？请简要说明理由。

2. 本案的被告确定是否正确？请简要说明理由。

3. B 市中院对本案是否具有管辖权？

4. 本案中，A 省高院应如何处理？

[分析思路] 首先，关于 B 市群力煤矿是否可以作为本案原告。《民事诉讼法》第 122 条规定，起诉必须符合下列条件：①原告是与本案有直接利害关系的公民、法人和其他组织；②有明确的被告；③有具体的诉讼请求和事实、理由；④属于人民法院受理民事诉讼的范围和受诉人民法院管辖。因此，诉讼案件的原告应为公民、法人和其他组织，才能具备当事人能力，且其应与本案具有法律上的直接利害关系。在本案中，B 市群力煤矿虽然进入破产清算阶段，但尚未注销，仍具备当事人能力，可以作为本案当事人，且 B 市群力煤矿作为本合同争议的法律关系的主体，和本案有直接利害关系。

其次，关于 A 省秀盈公司是否为本案被告。虽然 2010 年 1 月签订《协议书》的合同当事人为 A 省秀盈公司、B 市群力煤矿，但是，A 省秀盈公司是秀盈控股公司依法设立的分公司。所以，B 市群力煤矿一审起诉主张 A 省秀盈公司、秀盈控股公司共同偿还预付款及垫支款，该分公司和总公司可以作为共同被告。另外，根据上述《民事诉讼法》第 122 条第 2 项的规定，A 省秀盈公司和秀盈控股公司均符合法律规定的被告条件，相关信息明确。

再次，关于 B 市中院对本案是否具有管辖权。根据《民事诉讼法》第 24 条 "因合同纠纷提起的诉讼，由被告住所地或者合同履行地人民法院管辖" 之规定，本案中，虽然被告秀盈控股公司住所地在香港，但是当事人争议合同的约定履行地在 B 市，虽然实际履行地在香港，但也应以 B 市作为合同履行地。所以，B 市中院对本案具有地域管辖权。

有些同学可能注意到了，由于本案涉案标的额巨大，属于"在本辖区有重大影响的第一审民事案件"，按照这样的思路，本案应由 A 省高院作为一审法院。

但是，你却没有注意到，此时，B 市群力煤矿已经进入破产清算阶段，根据《企业破产法》第 3 条的规定，破产案件由债务人住所地人民法院管辖。《企业破产法》第 21 条规定，人民法院受理破产申请后，有关债务人的民事诉讼，只能向受理破产申请的人民法院提起。所以，有关 B 市群力煤矿的债权债务纠纷应由受理破产案件的 B 市中院集中管辖。所以，该法院对本案仍然有管辖权。

最后，关于 A 省高院的程序操作。若法院受理案件前，发现不符合受理条件，应不予受理，而在受理案件后，发现不符合受理条件，则应驳回起诉。在本案中，显然 B 市中院已经受理了案件（已经进行答辩程序），其认为自己没有管辖权，依职权移送到有管辖权的法院。受移送的法院不得自行移送，应报请自己的上级法院指定管辖。

答案

1. B 市群力煤矿可以作为本案原告。因为群力煤矿属于和本案有直接利害关系的法人，具备当事人能力。

2. 本案的被告确定是正确的。A 省秀盈公司作为秀盈控股公司的分公司，可以和总公司一起作为本案的共同被告。

3. B 市中院对本案有管辖权。B 市中院作为审理破产案件的法院，对于有关债务人的诉讼应由 B 市中院集中管辖。

4. A 省高院不得将案件移送回 B 市中院，也不得移送给其他法院。若 A 省高院认为自己对本案没有管辖权，应提请最高法院指定管辖。

第3讲

LECTURE

03

证据与证明

07

证明对象判断

证明对象，也叫待证事实，是指民事诉讼案件中需要证明的事实。要讨论证据问题，必须首先找到案件争议的待证事实，也就是所谓的证明对象。

当事人对自己提出的诉讼请求所依据的事实或者反驳对方诉讼请求所依据的事实，应当提供证据加以证明，但法律另有规定的除外。《最高人民法院关于民事诉讼证据的若干规定》（以下简称《民诉证据规定》）第 10 条规定，下列事实，当事人无须举证证明：①自然规律以及定理、定律；②众所周知的事实；③根据法律规定推定的事实；④根据已知的事实和日常生活经验法则推定出的另一事实；⑤已为仲裁机构的生效裁决所确认的事实；⑥已为人民法院发生法律效力的裁判所确认的基本事实；⑦已为有效公证文书所证明的事实。上述第 2~5 项事实，当事人有相反证据足以反驳的除外；第 6、7 项事实，当事人有相反证据足以推翻的除外。

考点点拨

反驳和推翻不同。当事人进行反驳，只需要提供相反的证据，让法官心证产生动摇即可；而要推翻，则必须提供充分的证据，让法官相信事实不存在才可以。即，推翻难度比反驳的难度要大很多。

迷你案例

1. 案情：徐某诉称，其被市政公司员工刘某驾驶的垃圾清运车剐蹭，倒地受伤。本案事故发生在 2017 年 4 月 21 日，事发路段监控录像显示，徐某倒地 2 分钟后被人搀扶站立，约 6 分钟后可移动身体但左下肢无法正常行走。徐某于当日去市中心医院就诊，次日去联谊医院骨科就诊，后于 2017 年 4 月 25 日在其所在公司职工总医院骨科办理住院手续。4 月 25 日，被确诊为左下肢骨折。市政公司主张，剐蹭事故发生于 21 日，骨折后果确诊于 25 日，没有证据证明徐某的损害后果与刘某的侵权行为之间存在因果关系。

问题：如何看待本案中徐某的损害后果与刘某的侵权行为二者之间的因果关系？

[分析思路] 在本案中，确实没有任何直接证据证明二者之间存在逻辑关系。虽然事故发生和结果出现具有一定的时间差，但前述诊疗行为与事故发生时间上具有连续性，从徐某受到剐蹭，到确诊之间，徐某一直在医院参加诊疗活动，诊断内容之间相互印证，且与监控录像内容相互吻合。徐某提供的证据形成了完整的证据链条，认定徐某数日后在医院被诊断为骨折系被剐蹭所致，符合一般生活经验，完全可以据此推定徐某提供的证据能够证明其受伤住院与刘某的侵权行为存在因果关系，符合证据认定规则，该因果关系事实不需要当事人提供进一步证据加以证明。

刘鹏飞 主观题

答案：应认定徐某的损害后果与刘某的侵权行为二者之间具备因果关系。虽然并无直接证据证明二者之间的因果关系，但依据经验法则，可以依据徐某的就诊行为等前提事实推定出二者之间具备因果关系。

2. 案情：李某以租赁关系为诉讼标的向法院起诉史某，并向法院提交了某区法院第 5186 号生效民事判决，以证明本案所涉的法律关系为租赁关系，而非借贷关系，且双方之间于 2013 年 10 月 11 日签订的转租协议真实有效。但法院经审理认为，原审卷宗中多份该区某派出所的《询问材料》可以证实双方之间所签订的土地转租协议名为租赁合同，实为借款合同关系，李某诉讼请求的事由与事实不符。原一审、二审法院均认定双方当事人之间形成的系借贷关系，并明确向李某释明其请求与法院认定的法律关系不同，但李某坚持不变更其诉讼请求。李某认为，原审法院不顾《转租协议书》这一书证及已生效的判决所确认的事实，明显属于认定事实错误。

问题：李某的观点是否成立？

[分析思路] 根据《民诉证据规定》第 10 条的规定，已为人民法院发生法律效力的裁判所确认的基本事实，当事人无须举证证明，但当事人有相反证据足以推翻的除外。本案中，对于双方当事人形成了何种法律关系的事实，虽然已经经过其他法院生效判决予以确认，但原审卷宗中的《询问材料》也属于公文书证，审理法院若认为其证明力更大，足以推翻当事人提交的生效判决中认定的事实，进而综合判断各证据证明力，并判定上述判决

不能作为认定本案事实的依据，并不违反证据规则，难以作为支撑法院认定事实错误的依据。

要提醒大家注意的是，生效判决中认定的"事实"可以推翻，但生效判决的结果，就是最后判决的主文部分，是不能随意推翻的。要推翻判决的结果，只能通过第三人撤销之诉或者再审制度等法定撤销生效判决的制度才能实现。例如，法院认定当事人违约，并且判决当事人承担违约金。其中，认定违约的事实可以用相反的证据推翻，但是判决承担违约金的判项却不能用相反证据推翻，只能通过法定程序才能撤销。

答案：李某的观点不能成立。生效判决认定的事实虽属于免证事实，但并非不能推翻。审理法院若认为《询问材料》证明力更大，足以推翻当事人提交的生效判决中认定的事实，进而综合判断各证据证明力，并判定上述判决不能作为认定本案事实的依据，并不违反证据规则。

[法条链接]《民诉证据规定》第 10 条　下列事实，当事人无须举证证明：

（一）自然规律以及定理、定律；

（二）众所周知的事实；

（三）根据法律规定推定的事实；

（四）根据已知的事实和日常生活经验法则推定出的另一事实；

（五）已为仲裁机构的生效裁决所确认的事实；

（六）已为人民法院发生法律效力的裁判所确认的基本事实；

（七）已为有效公证文书所证明的事实。

前款第 2 项至第 5 项事实，当事人有相反证据足以反驳的除外；第 6 项、第 7 项事实，当事人有相反证据足以推翻的除外。

考点
08

08

自　认

自认，是指对**不利于自己**的事实加以承认。自认承认的对象必须是事实，承认请求的不是自认，而叫作"认诺"。这里面，我们要重点强调下自认的重要规则。

🄳 **注意**：在很多题目中，同学们做题的时候完全忽略了自认这一情况的存在，导致给出的答案存在错误。所以，一定要高度重视当事人承认、当事人认可等表达，这是以往同学们做题常常忽视而丢分的点。

一、自认的效力和形式

1. 自认的效力包括两方面：

（1）免除对方当事人对于自认事实提出证据的责任。对事实自认后，说明对于该事实，当事人之间没有争议，也就没必要举证证明。

（2）原则上，法院应以当事人自认的事实作为裁判的依据（这是辩论原则的要求）。

2. 自认的形式包括两种：

（1）可以书面自认，但必须是在起诉状、答辩状、代理词[1]中的书面承认才构成自认；

（2）也可以口头自认，但需在庭审中或者审前准备阶段进行口头承认。

❶注意：在做题时，同学们要牢记一个得分的技巧，那就是，只有这个承认是当事人对法院作出的，那才是自认。如果这个承认是当事人向法官之外的人作出的，那就不会构成自认。

二、代理人自认

诉讼代理人的自认视为当事人的自认（经特别授权和一般授权的委托代理人都可以代替当事人自认）。但有两个例外：

1. 授权委托书明确排除的事项除外。

2. 当事人在场对诉讼代理人的自认明确否认的除外。

三、普通共同诉讼人自认和必要共同诉讼人自认

1. 普通共同诉讼中，部分人自认，只对自认人自己有效。

2. 必要共同诉讼中，部分人自认：

（1）其他共同诉讼人予以否认的，不发生自认的效力；

（2）其他共同诉讼人既不承认也不否认，经审判人员说明并询问后仍然不明确表示意见的，视为全体共同诉讼人的自认。

案情：2017年2月16日，胡某到与冯某的果园相邻的路边焚烧垃圾。后火势失控，导致冯某256株苹果树遭受不同程度毁损。其后冯某将胡某诉至法院，并申请一审法院委托鉴定机构对毁损的果树进行司法评估鉴定。一审庭审笔录载明："双方无争议的事实是胡某在相邻果园处烧垃圾引起火灾，将冯某果园的果树引燃、烧毁。胡某：无异议。"

---

[1] 代理词是诉讼代理人在庭审过程中自己使用的非正式文书，代理词最重要的部分是质证和辩论的观点和依据。代理词的写法比较灵活，并没有统一的格式，大体上仍然是由首部、正文和尾部三部分组成。通俗地讲，代理词就是代理人所准备的在法庭发言的更详尽、更充分的文字版本（发言稿）。

一审判决作出后，胡某在上诉状中提出：冯某对案涉苹果园疏于管理，导致杂草丛生，案涉果园实际死亡的苹果树仅为 36 株，死亡苹果树的死因无法确认，由此主张不承担任何责任。

问题：应如何评价胡某的上诉主张？

[分析思路] 根据《民诉解释》第 92 条第 1 款的规定，一方当事人在法庭审理中，或者在起诉状、答辩状、代理词等书面材料中，对于己不利的事实明确表示承认的，另一方当事人无需举证证明。胡某上诉主张死亡苹果树的死因无法确认，而冯某则主张系胡某的过错造成。由于一审庭审笔录载明"双方无争议的事实是胡某在相邻果园处烧垃圾引起火灾，将冯某果园的果树引燃、烧毁。胡某：无异议"，因此，对一审审理中胡某已经认可的对自己不利的事实，构成自认，法院应予以确认。在胡某不能举出足以推翻已经自认事实的相反证据的情况下，对胡某的该项主张不应支持。根据《民法典》第 120 条"民事权益受到侵害的，被侵权人有权请求侵权人承担侵权责任"以及第 1165 条第 1 款"行为人因过错侵害他人民事权益造成损害的，应当承担侵权责任"的规定，胡某因焚烧垃圾失火导致冯某的果园、苹果树不同程度的毁损，理应承担侵权损害赔偿责任，对给冯某造成的损失进行赔偿。胡某上诉主张不承担任何责任的请求不能成立。

答案：胡某的上诉主张不应被法院支持。因为胡某在一审中已经自认了因果关系事实，对方当事人对此事实无需举证。其在二审中又主张苹果树的死因无法确认，违反了诚信原则，无法获得法院支持。

[法条链接]

《民诉解释》第 92 条　一方当事人在法庭审理中，或者在起诉状、答辩状、代理词等书面材料中，对于己不利的事实明确表示承认的，另一方当事人无需举证证明。

对于涉及身份关系、国家利益、社会公共利益等应当由人民法院依职权调查的事实，不适用前款自认的规定。

自认的事实与查明的事实不符的，人民法院不予确认。

《民法典》

第 120 条　民事权益受到侵害的，被侵权人有权请求侵权人承担侵权责任。

第 1165 条　行为人因过错侵害他人民事权益造成损害的，应当承担侵权责任。

依照法律规定推定行为人有过错，其不能证明自己没有过错的，应当承担侵权责任。

四、以下情况不产生自认的法律效果

1. 为达成调解协议或者和解协议进行的自认，不得在其后的诉讼中作为对其不利的证据，法律另有规定或当事人都同意的除外。

⚠ **注意：** 在调解、和解过程中，即便当事人自认，对于自认的事实，对方当事人依然需要举证。

考点 08

2. 自认事实与法院已经查明事实不符的，自认不成立。
3. 身份关系不允许自认。
4. 涉及国家、社会利益事实不允许自认。
5. 程序性事项。

迷你案例

案情：原告王某等主张 2006 年至 2012 年承包经营被告砖厂，在承包经营期间添置了部分设备，承包经营到期后由被告村委会负责保管。在被告保管期间设备丢失，损失金额为 971 230 元。原告提供了发包方为被告、承包方为原告王某的承包合同书复印件 1 份、2012 年 12 月 25 日的砖厂固定资产登记表复印件 1 份、2013 年砖厂清底明细表 1 份，2013 年砖厂清底明细表没有原告和被告工作人员的签字，也没有加盖被告的公章。原告没有再提供其他证据。在本案审理过程中，被告法定代表人曹某认可二原告主张的全部事实，并同意由村委会出资赔偿原告设备损失。

问题：应如何认定该村委会自认的效力？

[分析思路] 原告提供的证据证明力较低，显然不足以证明原告购买的设备在被告保管期间丢失并造成 971 230 元的损失。虽然没有证据显示原告同被告法定代表人曹某存在恶意串通的行为，但是被告法定代表人曹某同意赔偿原告设备损失 971 230 元的意见明显不利于村民的集体利益且二原告的主张明显缺乏事实依据，被告村委会法定代表人曹某代表被告认可原告主张的全部事实，对于被告不利的事实明确表示承认，因涉及该村全体村民的集体利益，不构成自认，二原告应当就其主张的事实继续举证。所以，对被告法定代表人曹某同意赔偿原告设备损失 971 230 元的意见不应采纳。

答案：村委会的自认不应发生法律效力，即村委会对于二原告主张的不利于自己的事实的承认不成立自认。因为该承认可能损及该村全体村民的集体利益，而涉及国家、社会利益的事实不允许自认。

[法条链接]

《民事诉讼法》第 67 条　当事人对自己提出的主张，有责任提供证据。

当事人及其诉讼代理人因客观原因不能自行收集的证据，或者人民法院认为审理案件需要的证据，人民法院应当调查收集。

人民法院应当按照法定程序，全面地、客观地审查核实证据。

《民诉解释》

第 90 条　当事人对自己提出的诉讼请求所依据的事实或者反驳对方诉讼请求所依据的事实，应当提供证据加以证明，但法律另有规定的除外。

在作出判决前，当事人未能提供证据或者证据不足以证明其事实主张的，由负有举证证明责任的当事人承担不利的后果。

第 92 条　一方当事人在法庭审理中，或者在起诉状、答辩状、代理词等书面材料中，对于己不利的事实明确表示承认的，另一方当事人无需举证证明。

对于涉及身份关系、国家利益、社会公共利益等应当由人民法院依职权调查的事实，不适用前款自认的规定。

自认的事实与查明的事实不符的，人民法院不予确认。

09 证据种类

立法中规定，我们能运用的法定证据包括八种。因勘验笔录基本不作考查，故考试在考查证据种类时，基本集中于其他七类证据。而这七类证据，按照其证明特点，可以分成以下三大类：

一、实物类证据

实物类证据，包括书证和物证。以其记录的内容证明案件事实的是书证，考试当中常见的有交通事故责任认定书、借条收条、遗嘱、合同书等。国家机关或者其他具有社会管理职能的组织在其职权范围内制作的文书是公文书，公文书所记载的事项推定为真实，但有相反证据足以推翻的除外。私文书证的真实性，由主张以私文书证证明案件事实的当事人承担举证责任，提供证据加以证明。以其外形、存在方式、自身性质证明案件事实的是物证，常见的有财产侵权纠纷当中的财物、合同纠纷中的合同标的物等。

💡注意：书证是用内容证明案件事实的，而物证则一般是用其自身特征证明案件事实的。要区分是书证还是物证，要看待证事实是什么。如待证事实是合同书被恶意撕毁，则合同书此时属于物证而非书证。

二、言词类证据

言词证据，以人的陈述作为证据的表现形式。当事人对案件事实的陈述是当事人陈述；证人对案件事实的陈述是证人证言；鉴定人对案件事实和专业意见的陈述属于鉴定意见。以上人的陈述可以是口头形式也可以是书面形式。鉴定人、证人、当事人出庭后，必须签订承诺书或者保证书。不出庭的证人的证言不得作为定案依据。

💡注意：一般而言，提供言词类证据的主体，如当事人、鉴定人和证人，都要具结保证，才能在法庭上进行陈述。

三、高科技证据

高科技证据，属于具有高科技载体的证据类型。<u>形成和存储在电子设备中的证据是电子数据；具备其他高科技载体的视听影音资料属于视听资料。</u>

当事人作为证据提交的电子数据系通过区块链技术存储，并经技术核验一致的，人民法院可以认定该电子数据上链后未经篡改，但有相反证据足以推翻的除外。人民法院根据案件情况，可以要求提交区块链技术存储电子数据的一方当事人，提供证据证明上链存储前数据的真实性，并结合上链存储前数据的具体来源、生成机制、存储过程、公证机构公证、第三方见证、关联印证数据等情况作出综合判断。

 注意：区块链存证具有技术可靠性，因此<u>一旦原始数据可靠，上链后的证据也推定为可靠真实。</u>

考点点拨

同样是以其记录的内容证明案件事实，只有传统载体的（纸面等），属于书证；有科技载体的，属于电子数据或者视听资料。而具备电子载体的，就是电子数据，具备其他视听载体而不具备电子载体的，属于视听资料。

刘鹏飞 主观题

[法条链接]《民诉证据规定》

第 12 条 以动产作为证据的，应当将原物提交人民法院。原物不宜搬移或者不宜保存的，当事人可以提供复制品、影像资料或者其他替代品。

人民法院在收到当事人提交的动产或者替代品后，应当及时通知双方当事人到人民法院或者保存现场查验。

第 13 条第 1 款 当事人以不动产作为证据的，应当向人民法院提供该不动产的影像资料。

第 37 条 人民法院收到鉴定书后，应当及时将副本送交当事人。

当事人对鉴定书的内容有异议的，应当在人民法院指定期间内以书面方式提出。

对于当事人的异议，人民法院应当要求鉴定人作出解释、说明或者补充。人民法院认为有必要的，可以要求鉴定人对当事人未提出异议的内容进行解释、说明或者补充。

10

证据规则

运用证据的过程，按照取证、举证、质证、认证四个大的步骤展开。其中，取证的主体以当事人为主，举证和质证的主体都只能是当事人，认证的主体是法院。围绕着这个动态的过程，形成了一系列规则。

一、取证规则

1. 根据辩论原则，证据原则上应该由当事人自行收集和提供。但存在法院依职权调查取证和法院依申请调查取证这两种例外的情形。

（1）涉及可能损害国家利益、社会公共利益的（包括公益诉讼），有恶意串通损害他人合法权益可能的，涉及身份关系的，涉及程序性事项的证据，法院可以不经当事人申请而主动调取。

（2）当事人因客观原因无法调取到的证据可以由当事人在举证期限届满前向法院提出申请，当事人不提出申请，法院不得主动调取。

🟢 **注意：** 此情形下，应由当事人申请证人出庭、申请启动鉴定程序。满足法院主动调查取证的情形时，法院才能主动通知证人出庭，主动委托鉴定人进行鉴定。

迷你案例

案情： 2012 年，萤火公司原股东党某与李某签订《股东股份转让协议》，约定将党某原在萤火公司所持股份转让给李某，后因股权转让问题发生纠纷。

李某称，二审法院依职权调取《电子渠道来往账信息查询单》违反《民诉解释》第 96 条第 2 款的规定，一、二审判决程序严重违法，且该判决认定的《电子渠道来往账信息查询单》未经法庭质证。党某表示自己已经向法院提交了关于《电子渠道来往账信息查询单》的调查取证申请书，李某却表示毫不知情。党某还提出，李某虽然没有出庭，但已经提交了关于该证据的书面质证意见。

问题： 如何评价法院的行为？

> [分析思路] 调查取证申请只需要当事人单方申请即可，法院认为是审理案件、认定事实所必要的证据就可以同意调取，并不需要对方当事人同意或者通知对方当事人，但调取得到的证据必须经过法定程序进行质证。《电子渠道来往账信息查询单》系二审法院依据党某的申请调取，并未违反《民诉解释》第 96 条第 2 款的规定。对于法院依当事人申请调取的《电子渠道来往账信息查询单》，李某向法院提交了书面质证意见，就已经对该证据发表了意见，进行了质证。至于李某不出庭陈述，系主动放弃了口头辩论机会，则关于上述证据未经法庭质证的主张缺乏依据，不应支持。

答案： 法院的行为符合法律规定。《电子渠道来往账信息查询单》并非法院依职权调取的证据，而系当事人申请调取的证据。当事人申请调查取证的，只需要法院同意而不需要对方当事人同意，且对方当事人已经提交了书面的质证意见，对该证据发表了质证意见。因此，李某对该证据的质疑无法获得支持。

考点 ⑩

[法条链接]

《民诉证据规定》

第20条第1款 当事人及其诉讼代理人申请人民法院调查收集证据，应当在举证期限届满前提交书面申请。

第60条 当事人在审理前的准备阶段或者人民法院调查、询问过程中发表过质证意见的证据，视为质证过的证据。

当事人要求以书面方式发表质证意见，人民法院在听取对方当事人意见后认为有必要的，可以准许。人民法院应当及时将书面质证意见送交对方当事人。

《民诉解释》第96条 民事诉讼法第67条第2款规定的人民法院认为审理案件需要的证据包括：

（一）涉及可能损害国家利益、社会公共利益的；

（二）涉及身份关系的；

（三）涉及民事诉讼法第58条规定诉讼的；

（四）当事人有恶意串通损害他人合法权益可能的；

（五）涉及依职权追加当事人、中止诉讼、终结诉讼、回避等程序性事项的。

除前款规定外，人民法院调查收集证据，应当依照当事人的申请进行。

《民事诉讼法》

第58条 对污染环境、侵害众多消费者合法权益等损害社会公共利益的行为，法律规定的机关和有关组织可以向人民法院提起诉讼。

人民检察院在履行职责中发现破坏生态环境和资源保护、食品药品安全领域侵害众多消费者合法权益等损害社会公共利益的行为，在没有前款规定的机关和组织或者前款规定的机关和组织不提起诉讼的情况下，可以向人民法院提起诉讼。前款规定的机关或者组织提起诉讼的，人民检察院可以支持起诉。

第67条第2款 当事人及其诉讼代理人因客观原因不能自行收集的证据，或者人民法院认为审理案件需要的证据，人民法院应当调查收集。

2. 当事人遇到证据可能灭失或者再难取得的情况，可以在诉前或诉中申请法院保全证据，诉前证据保全应由当事人向证据所在地、被申请人住所地及有管辖权的法院申请启动。

🅓 注意：证据保全也是保全制度的一种，要遵循保全制度的一般规则。但是诉前证据保全的担保比较特殊，只有在保全证据可能给对方当事人造成损失的时候，法院才必须责令申请方提供担保。

3. 书证、电子数据或者视听资料在对方手中，负证明责任的当事人可以要求法院责令对方提交，申请费用由申请人负担。对方拒不提交的，书证内容推定为真。持有书证者为妨碍对方使用，毁坏书证或令书证不能使用的，法院可以对其罚款、拘留、追究刑事责任。法院可以认定对方当事人主张以该书证证明的事实为真实。

迷你案例

案情：20世纪80年代某村委会在给村民分配责任田时，将一块砖窑所占土地分配给郝某。郝某主张，其后他曾与村委会达成协议："砖窑地块因建设规划用途改变，用于房产建设。在房产建设完毕后，由村委会给予其122.4m² 的住宅面积。"郝某提供的证据"村西砖厂占地户1996年夏季对户赔产表复印件"中载有以上内容。现郝某要求村委会向其给付协议中约定的住宅。

被告村委会对原告方提供的证据，质证意见如下：因现任村委会主任年龄较小，不清楚最初分配责任田时原告在砖窑是否就分有土地，对户赔产表是复印件，要求原告提供原件。郝某主张原件在村委会手中，应由村委会提交。一审法院遂告知村委会在庭审结束后3日内提交1996年夏季赔产表原件。村委会称，因为从1996年到现在已经过去20年，村里经过多次换届选举，账目已经丢失。

问题：应如何认定本案相关证据的效力？

[分析思路] 本案中的核心问题是原告只提供了证据"对户赔产表复印件"，该复印件不得单独作为认定案件事实的依据。占地赔产款相关事宜既然由被告村委会统一确定，村委会制作有发放赔产款的账目文件并保管控制相关记录文件原件，应该属于普通大众的常识性认知，因此可以认定该证据原件由村委会占有。现村委会以时间长久、多次换届、账目丢失为由既不能提供证据原件，又不能证实账目丢失的事实存在，根据《民诉解释》第112条"书证在对方当事人控制之下的，承担举证证明责任的当事人可以在举证期限届满前书面申请人民法院责令对方当事人提交。……对方当事人无正当理由拒不提交的，人民法院可以认定申请人所主张的书证内容为真实"的规定，应对原告所提交的"对户赔产表复印件"中记载郝某分得相关土地事实的真实性予以认定。

答案：本案中，郝某在提交原件原物确有困难的情况下，提供的书证为复印件，可以作为认定案件事实的依据，但不得单独作为认定案件事实的依据。依据众所周知的事实，原件由村委会保管，故郝某可以申请法院责令村委会提交该书证原件，村委会以账目丢失等非正当理由拒绝提交，应认定书证记录内容为真实。

[法条链接]

《民诉证据规定》第48条 控制书证的当事人无正当理由拒不提交书证的，人民法院可以认定对方当事人所主张的书证内容为真实。

控制书证的当事人存在《最高人民法院关于适用〈中华人民共和国民事诉讼法〉的解释》第113条规定情形的，人民法院可以认定对方当事人主张以该书证证明的事实为真实。

《民诉解释》

第112条 书证在对方当事人控制之下的，承担举证证明责任的当事人可以在举证期

考点⑩

限届满前书面申请人民法院责令对方当事人提交。

申请理由成立的，人民法院应当责令对方当事人提交，因提交书证所产生的费用，由申请人负担。对方当事人无正当理由拒不提交的，人民法院可以认定申请人所主张的书证内容为真实。

第113条 持有书证的当事人以妨碍对方当事人使用为目的，毁灭有关书证或者实施其他致使书证不能使用行为的，人民法院可以依照民事诉讼法第114条规定，对其处以罚款、拘留。

二、举证规则

当事人应在当事人约定或者法院指定的举证期限内提交证据。考试中要注意对逾期举证后果的把握，熟悉以下三条规则即可：

01

只有该证据与案件基本事实无关，才可以被排除，只要证据和案件事实有关，就必须采纳。

02

即便与案件基本事实无关，只要对方当事人对逾期举证不提出异议，该证据也必须采纳。

03

根据当事人的主观状况，处理结果不同。主观无过错——采纳；主观有一般过错——采纳同时训诫；主观有故意或重大过错——采纳同时训诫、罚款。

🛈**注意**：事实上，我国的举证期限已经非常具有弹性，只要证据对于证明案件事实有帮助，与待证事实之间有关联性，一般就不会被排除；但如果当事人当庭举证，一般会引发延期审理，给予对方当事人进行证据辩论的准备时间。

迷你案例

案情：邹某驾驶邓某名下的被保险车辆在某处停车场内自南往北方向行驶，与吴某及龙某的车辆发生碰撞，导致被保险车辆受损。后邓某向保险公司报案并向公安局交通警察大队报警，该大队向邓某出具《道路交通事故认定书》，认定邹某对涉案事故承担全部责任。

其后，邓某将保险公司诉至法院。举证期限届满后，保险公司向法院补充提交了由案外人出具的《调查报告书》（其内容载明"仅供保险理赔参考之用，不作其他任何用途"）以及《中国保险行业协会机动车综合商业保险示范条款》。邓某认为：这两份证据并非法律意义上"新的证据"，对此不予质证。首先，保险公司逾期提交《调查报告书》没有合理的理由；其次，邓某也无法核实《调查报告书》的真实性；最后，从证据形式来看，《调查报告书》中包含了证人证言，但是证人的身份信息不明，身份证号码缺失，法庭不应组织质证，也不应采纳。

问题：如何评价邓某的主张？

[分析思路] 本案的争议焦点是《调查报告书》的证据能力问题。对于此问题，可以从两个角度进行分析，一是逾期举证的法律效果，二是关于不符合法定证据类型的证据能力问题。尽管保险公司逾期补充提交了由案外人出具的《调查报告书》，但是对于该报告书未能在举证期限内提供的理由，未能作出合理说明。况且，调查报告并非我国《民事诉讼法》规定的证据形式，以上报告更载明"仅供保险理赔参考之用，不作其他任何用途"。据此，其调查意见不能直接作为认定案件事实的根据，与案件主要事实无关；而报告中所附相关证人笔录因证人的身份信息不明确，保险公司也未申请证人出庭作证，故有关陈述亦无法作为证人证言予以采信。根据《民诉解释》第 102 条第 1 款的规定，该报告书应依法不予采纳。

答案：邓某的主张具备合理性。因本案中保险公司提交的《调查报告书》系逾期提交的证据，且与案件待证事实之间并不具备直接关联性，保险公司也未提供逾期举证的正当理由，因此，该证据不应被采纳。加之，该证据真实性无法确认，无法作为认定案件事实的依据。

[法条链接]《民诉解释》第 102 条　当事人因故意或者重大过失逾期提供的证据，人民法院不予采纳。但该证据与案件基本事实有关的，人民法院应当采纳，并依照民事诉讼法第 68 条、第 118 条第 1 款的规定予以训诫、罚款。

当事人非因故意或者重大过失逾期提供的证据，人民法院应当采纳，并对当事人予以训诫。

当事人一方要求另一方赔偿因逾期提供证据致使其增加的交通、住宿、就餐、误工、证人出庭作证等必要费用的，人民法院可予支持。

考点⑩

三、质证规则

原则上，证据必须经过质证才能作为定案依据。在审前准备阶段双方均认可的证据，在庭审中不需要质证，只需要说明即可。

人民法院应当组织当事人围绕证据的真实性、合法性以及与待证事实的关联性进行质证，并针对证据有无证明力和证明力大小进行说明和辩论。涉及国家秘密、商业秘密、个人隐私或者法律规定应当保密的证据，不得公开质证。

（一）当事人参与质证

一般案件中，代理人出庭，当事人可以不出庭。注意，代理人出庭就相当于当事人出庭。法院认为有必要，可以要求当事人本人到庭，就案件有关事实接受询问。但离婚案件中，当事人必须出庭。

当事人出庭后，在法院询问之前，应当要求当事人签署保证书。

❶注意：所谓当事人不出庭，一般指的是当事人及其代理人均未出庭的情况。

> **考点点拨**
>
> 要注意区分当事人的质证权和辩论权。质证权是当事人辩论权的组成部分，但质证主要针对对方当事人提供的证据发表意见，而辩论可以针对证据、事实、程序和法律问题发表意见。剥夺当事人的质证权，也属于剥夺当事人的辩论权，属于严重违反法定程序。

（二）证人参与质证

作为证人，必须出庭，败诉方负担其必要费用。有行为能力的证人必须签署保证书。无正当理由未出庭作证的证人的证言不能作为认定案件事实的依据。

但证人遇有健康原因、路途遥远、不可抗力，经人民法院许可，可以不出庭，通过替代方式作证。

🔟 **注意**：证人无正当理由不出庭，证人证言直接丧失证据资格。但如果当事人一致同意证人不出庭，则证言可以作为定案依据。

（三）鉴定人参与质证

当事人在人民法院指定期间内对鉴定书的内容有异议的，人民法院应当要求鉴定人作出解释、说明或者补充。人民法院认为有必要的，可以要求鉴定人对当事人未提出异议的内容进行解释、说明或者补充。鉴定人解释说明后，当事人对鉴定意见仍有异议或人民法院认为鉴定人有必要出庭的，鉴定人应出庭作证，出庭费用由提出异议的当事人预交，由败诉方负担。因鉴定意见不明确或者有瑕疵及鉴定费中包含出庭费的，出庭费用由鉴定人自行负担。拒不出庭作证的后果：鉴定意见不得作为认定事实的根据；支付鉴定费的当事人可以要求返还鉴定费。

当事人可以申请人民法院通知 1~2 名有专门知识的人（即专家辅助人）出庭对鉴定意见进行质证或者就专业问题提出意见，出庭费用由申请人负担。该专家辅助人不需要回避，专家辅助人意见视为当事人陈述。

> **考点点拨**
>
> 要区分是证人还是鉴定人，就观察其提供的证据到底是事实陈述，还是专业意见：提供事实陈述的是证人；提供专业意见的是鉴定人，证人一般不允许发表意见。
>
> 要区分是鉴定人还是专家辅助人，就观察其聘任情况：当事人单方聘任的是专家辅助人；双方协议确定人选，由法院聘任的是鉴定人。

四、认证规则

（一）最佳证据规则

原则上提交原件原物，提交原件确有困难的，可以提交复制品或照片。无法与原件原物核对的复制品、复印件能做证据，但<u>不能单独作为认定案件事实的依据</u>。

迷你案例

　　案情：金某系晨光公司某工程项目的劳务分包人。自 2011 年至 2013 年底，晨光公司和金某陆续向陈某借款用于上述工程建设。2014 年 5 月 31 日，陈某与晨光公司签订了《还款协议》，载明："晨光公司拟向陈某借款合计 4 480 000 元。"后陈某向一审法院起诉，要求晨光公司和金某还款，并提交了《还款协议》作为证据。金某则提供了建设工程竣工验收文件作为证据。

　　被告辩称：双方所签订的《还款协议》上的印章是伪造的。陈某主张，金某的借款行为属于职务行为，并提供了晨光公司给金某出具的《委托书》复印件加以证明，晨光公司对其真实性均不予确认。

　　另外，陈某申请了洪某作为证人出庭作证，拟证明《还款协议》中载明的部分出借的现金已经实际交付给借款人。洪某向法庭陈述，其与陈某合伙经营网吧；陈某经常以个人名义对外出借资金并收取利息。但是，洪某并不认识金某，也没有亲眼看到陈某将款项出借给金某。

　　问题：如何评价本案中各证据的证据能力和证明力，进而认定本案相关事实？

　　[分析思路]　首先，要明确本案的争议焦点。本案中，争议的主要事实是在陈某和金某及晨光公司之间是否存在借贷关系。金某提供的建设工程竣工验收文件与本案的待证事实没有直接逻辑联系，不具备关联性，无法作为定案依据，可先予排除。

　　其次，即便陈某能证明金某和陈某之间存在借款关系，也无法认定陈某和晨光公司之间具备合同关系。这是因为陈某提供的晨光公司给金某出具的《委托书》为复印件，其未能进一步提供原件核对，亦未获得证据原件持有人的确认，根据《民事诉讼法》第 66、73 条的规定，不得单独作为定案依据，应提供其他证据加以补强。这样，就无法认定金某的行为系职务行为，无法认定其法律效果应归属于公司。若能证明原件由晨光公司持有，可以向法院申请，由法院责令对方当事人提交。除证言外，陈某并未提供相关证据佐证。

　　最后，关于陈某和金某借贷关系本身，《还款协议》无法证明陈某和晨光公司之间存在借款事实，而证人洪某与陈某之间存在利害关系（合伙经营关系），其证言不能直接证明陈某将《还款协议》中载明的相关现金已经实际交付给金某。陈某还应进一步举证证明相关现金已交付的具有高度可能性的证据。而《还款协议》的内容本身只能证明双方当事人曾形成借款合意，却无法证明实际交付的情况，因此属于间接证据，无法独立证明借贷关系成立。

　　答案：建设工程竣工验收文件与本案的待证事实没有直接逻辑联系，不具备关联性，应予排除；《还款协议》只能证明存在借款的合意，属于借贷关系的间接证据，且真实性存疑；陈某提供的晨光公司给金某出具的《委托书》为复印件，其未能进一步提供原件核对，

考点 ❿

不能单独作为认定案件事实的证据。而证人洪某的证言不能证明案件全部事实，系间接证据，且洪某与陈某之间存在利害关系，其证言不得单独作为认定案件事实的依据。综上，以上证据无法有效证明借贷关系成立。

[法条链接]

《民诉证据规定》第92条　私文书证的真实性，由主张以私文书证证明案件事实的当事人承担举证责任。

私文书证由制作者或者其代理人签名、盖章或捺印的，推定为真实。

私文书证上有删除、涂改、增添或者其他形式瑕疵的，人民法院应当综合案件的具体情况判断其证明力。

《民事诉讼法》

第66条　证据包括：

（一）当事人的陈述；

（二）书证；

（三）物证；

（四）视听资料；

（五）电子数据；

（六）证人证言；

（七）鉴定意见；

（八）勘验笔录。

证据必须查证属实，才能作为认定事实的根据。

第73条　书证应当提交原件。物证应当提交原物。提交原件或者原物确有困难的，可以提交复制品、照片、副本、节录本。

提交外文书证，必须附有中文译本。

（二）传闻证据规则

证人必须亲自感知案情，亲自到庭陈述，无正当理由不出庭作证的证人的证言无法作为证据认定。证人不得发表意见和评论。

❶注意：未成年人及与一方当事人有利害关系的人，都可以做证人。但未成年人作出的与年龄智力水平不相适应的证人证言及与一方当事人或者其代理人有利害关系的人作出的证人证言不能单独作为认定案件事实的依据。

（三）非法证据排除规则

以严重侵害他人合法权益、违反法律禁止性规定或者严重违背公序良俗的方法形成或者获取的证据，不得作为认定案件事实的根据。偷拍偷录的证据，只要不属于非法证据，一般可以作为认定案件事实的依据。

迷你案例

案情：刘某因与北京市某饭店、杨某房屋买卖合同纠纷一案，起诉到法院。刘某主张：其将房款交给了杨某的代理人侯某，过户时杨某亦在场。举证期限内，刘某申请侯某作为证人出庭作证。开庭后，法庭当庭询问刘某如何找到侯某，如何向侯某说明作证一事，刘某答复："我找人抓的。在他常去的地方。他如果不来，我们家三条命就拴他身上了，拖了我这么长时间。"侯某对于法庭及三方当事人在关键问题上的提问，答复均为"不记得了"。北京市某饭店、杨某均不认可侯某的证言。

问题：侯某证言的效力应如何认定？

> ［分析思路］《民诉解释》第 106 条规定："对以严重侵害他人合法权益、违反法律禁止性规定或者严重违背公序良俗的方法形成或者获取的证据，不得作为认定案件事实的根据。"刘某自认联系侯某的方式明显不合法，故侯某证人身份不合格。侯某提供的对事实的陈述不能作为定案依据，因此，其证言也不具备证明力。

答案：侯某的证言不能够作为认定案件事实的依据。刘某自认获取侯某证言的方法系限制侯某人身自由，严重侵害侯某人身权益，因此，其取得的侯某的证言属于非法证据，应予排除。

［法条链接］

《民法典》

第 120 条　民事权益受到侵害的，被侵权人有权请求侵权人承担侵权责任。

第 1165 条　行为人因过错侵害他人民事权益造成损害的，应当承担侵权责任。

依照法律规定推定行为人有过错，其不能证明自己没有过错的，应当承担侵权责任。

《民诉解释》第 106 条　对以严重侵害他人合法权益、违反法律禁止性规定或者严重违背公序良俗的方法形成或者获取的证据，不得作为认定案件事实的根据。

（四）证明责任的运用

双方当事人各自充分举证（主观举证责任完成）后，法院仍然无法获得心证的，案件事实陷入真伪不明的状态，只能应用客观证明责任裁判。客观证明责任由立法明确规定，由单方当事人负担。

注意： 客观证明责任并不是提出证据的责任，而是要理解为一种败诉的风险。谁负担客观证明责任，谁就负担败诉的风险。

而客观证明责任的分配规则，可以按照下面内容记忆：

1. 谁主张有利于他的待证事实成立，谁就对该待证事实负担客观举证责任（或者叫客观证明责任）。

人民法院应当依照下列原则确定客观证明责任的承担，但法律另有规定的除外：

考点⑩

（1）主张法律关系存在的当事人，应当对产生该法律关系的基本事实承担举证证明责任。

🅘注意：所谓法律关系发生的事实，例如，合同已经成立、生效，侵权行为成立、债权人具备损害赔偿请求权等。

（2）主张法律关系变更、消灭或者权利受到妨害的当事人，应当对该法律关系变更、消灭或者权利受到妨害的基本事实承担举证证明责任。

🅘注意：所谓法律关系变更、消灭的事实，例如，合同已经解除、债权已经清偿等；权利受到妨害的事实，例如，侵权纠纷中的加害人主张对方当事人系故意，自己虽然构成侵权，但不应承担赔偿责任等。

 迷你案例

案情：2009年8月，蔡某出具借条称：因经营资金周转需要，向李某借款1500万元，已收到汇款1479.98万元、现金20.02万元，借款期为2年。2011年11月，蔡某以其本人及其妻张某的名义出具还款计划保证书称：蔡某向李某借款1500万元，含银行转账1479.98万元、现金借款20.02万元，还款期延长半年，借条原件已收回。蔡某承认还款计划保证书中张某的签名为其所签。蔡某、张某为夫妻关系，二人均系香港居民。张某于2012年5月申请与蔡某离婚。

李某于2012年10月向法院提起诉讼，主张蔡某、张某共同清偿借款本息。蔡某明确认可借贷事实，张某主张借贷事实不存在、案涉款项系李某向湛江某公司的投资款。李某在本案中提交的借条为复印件，其与蔡某均称借条原件已由蔡某收回。李某提交的证据显示：2009年8月5日，其委托郭某向蔡某转账1479.98万元。

问题：本案中借贷事实的证明责任应如何分配？

[分析思路] 李某作为原告提起本案诉讼，其对借贷事实的发生，负有相应的举证责任。李某主张其已出借款项1500万元，蔡某对此予以认可，而张某否认借贷事实发生，并指出李某转账是出于投资的目的。借贷款项属于夫妻共同债务，此时，张某与蔡某属于必要共同诉讼人。必要共同诉讼中，部分人自认，其他共同诉讼人予以否认的，不发生自认的效力。此时，张某对蔡某的自认予以否认，自认即不成立。在此情形下，李某负有进一步举证的责任，其应提交补强证据以佐证借贷事实的发生。

本案证据显示李某确于2009年8月5日通过郭某向蔡某的账户转账约1500万元，但现有证据尚不足以证明该转账款项系属李某向蔡某实际出借的借款。李某未能提供充分证据支持其主张，导致待认定的款项实际出借的事实真伪不明，应当承担相应的法律后果，依照《民诉解释》第108条第2款的规定，应当认定该借款事实不存在，对李某在本案中依据借款合同关系而提出的诉讼请求不予支持。至于蔡某个人对案涉借款的认可，因其与李某之间对此并无争议，其可自行向李某清偿，法院对此应不予处理。

答案：李某对借贷事实的发生，负有客观证明责任。本案中，蔡某作为必要共同诉讼人，其自认未获得其他必要共同诉讼人认可，不产生免证效力。在案件事实真伪不明的情况下，应由主张借贷关系成立的当事人对此负担证明责任。

[法条链接]《民诉解释》第 108 条　对负有举证证明责任的当事人提供的证据，人民法院经审查并结合相关事实，确信待证事实的存在具有高度可能性的，应当认定该事实存在。

对一方当事人为反驳负有举证证明责任的当事人所主张事实而提供的证据，人民法院经审查并结合相关事实，认为待证事实真伪不明的，应当认定该事实不存在。

法律对于待证事实所应达到的证明标准另有规定的，从其规定。

2. 不同于以上讲解的一般规则，在侵权诉讼中，有以下特殊规则：

过错推定侵权
（推定被告有过错）
都由被告证明自己没有过错

由被告证明没有因果关系
环境污染、共同危险

方法专利侵权
由被告证明没有违法行为

考点⑩

迷你案例

案情：李某在下班途中被一只狗咬伤，实际损失 5000 元，李某向狗的饲养人王某索赔未果，遂诉至法院，要求赔偿其损失 6000 元。王某主张，在李某主动挑逗狗的过程中，恰逢路人张某用石头砸狗，才导致狗咬伤李某。

问题：对于本案，证明责任该如何分配？

[分析思路]　李某应证明狗咬伤自己，自己所受的损害系被狗咬伤所致，还有自己受损害的具体情况。王某不需要证明路人张某砸狗的事实（第三人过错不是免责事由），也不需要证明自己主观上没有过错（本案属于无过错责任），但需要证明李某主动挑逗狗的事实（免责事由）。

答案：本案系无过错责任侵权纠纷，应由原告李某证明自己被狗咬伤的事实和自己所受的损害结果，并证明自己所受损害结果和加害行为之间存在因果关系。被告王某及张某是否存在过错不是证明对象。李某主动挑逗狗的事实属于原告方存在过错的减免责任的事由，应由被告王某证明。

第三讲

▶▶▶ 回顾与应用 ◀◀◀

总结梳理

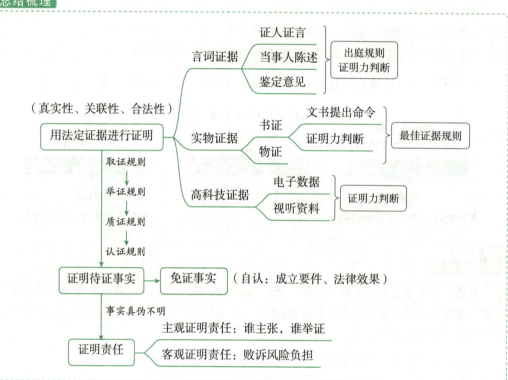

小综案例 ▶▶▶

[案情] 2015 年 1 月 11 日 12 时许，薛某家的养鸡棚着火。公安消防大队接警后前往调查，并作出《火灾事故简易调查认定书》，由双方签名。认定书记载：殷某烧养鸡棚旁稻草引起鸡棚失火，造成直接财产损失 2000 元。当时，消防队和派出所的工作人员到达现场，殷某说私下解决，但至今没有解决。

薛某将殷某诉至法院，并为证明其受到损失的事实，向一审法院提供了认定书作为证据。殷某辩解其是文盲，到达现场是救火的，自己是受欺骗才签的认定书，该证据为孤证，损失金额应通过鉴定确认。

薛某认为，法院认定薛某的财产损失为 2000 元的依据为《火灾事故简易调查认定书》中统计的损失，而该损失并没有经过相关专业机构的评估认定，只是现场统计的数额，且与实际不符。自己的损失涵盖整个鸡棚及养鸡用房，根据日常生活经验都可知该损失不止 2000 元，认定薛某的损失为 2000 元与客观事实不符。

法院经审理认为，薛某所提供的证据能够证明殷某的侵权事实存在以及因侵权造成的直接财产损失数额，故对薛某的诉讼请求予以支持，但损失数额以 2000 元为限。薛某提供的证据已经证明其损失的数额，不需再行鉴定，故对其鉴定申请不予准许。

问题：

1.《火灾事故简易调查认定书》属于何种类型的证据？

2. 应如何认定本案损害事实？

[分析思路] 本案中，公安消防大队所作的《火灾事故简易调查认定书》属于公文书证，其证明力较高，记录的内容也应推定为真实，该文书认定薛某 2000 元财产损失系殷某烧养鸡棚旁稻草引起鸡棚失火所致，法院据此并结合双方当事人的陈述及其他证据判令殷某赔偿薛某财产损失 2000 元并无不当。殷某和薛某虽否认该认定书的证据效力，但该认定书系公安消防大队依据其职权所作的文书，薛某、殷某均签名确认了该认定书，殷某未提交充分的证据证明自己是因受骗才在该认定书中签名以推翻该认定书所记载的事项，公安消防大队所作的《火灾事故简易调查认定书》可以作为本案定案依据。故法院采信该认定书并据此对本案作出处理亦无不当，对殷某关于《火灾事故简易调查认定书》系孤证、无效证据，没有证据证明是殷某烧养鸡棚附近稻草引起鸡棚失火的主张，不应支持。

答案

1.《火灾事故简易调查认定书》属于公文书证。《火灾事故简易调查认定书》系公权力行使主体公安消防大队在其职权范围内制作的，并以其记录的文字等内容证明了案件事实，属于典型的公文书证。

2. 应依据《火灾事故简易调查认定书》认定殷某的侵权事实存在以及因侵权造成的直接财产损失数额。该事实有公文书证作为证据加以证明，而公文书证具有推定为真实的特殊属性，对方当事人如果要推翻公文书证的证明力应提供相应的证据，但殷某未能提供有力证据，故对其主张不应采纳。

若不趁起风时扬帆，
船是不会前进的。

致奋进中的你

一 审 程 序

11

起诉的条件

考试中，判断起诉是否应受理，应分别从五个实质条件的角度进行审查，其中前四个是积极条件，第五个是消极条件，即 4 积极+1 消极。下面就对这五个条件进行详细叙述：

一、四个积极条件

1. 原告是与本案有<u>直接利害关系</u>的公民、法人和其他组织。

这一知识点在当事人部分讲解过了。这里需要将知识进行适当拓展，即原告起诉，必须要有诉的利益。这种诉的利益，一般是指当民事权利受到侵害或者与他人发生民事纠纷时，需要运用民事诉讼予以救济的必要性与实效性。

📄注意：诉的利益的产生与利益法学思潮密切相关。研究并运用确认之诉的诉的利益理论既有利于防止滥诉，也有利于保障诉权。法官在判断确认之诉案件当事人是否具有诉的利益时，应从原告、被告、国家三者的立场进行考量，审查其是否符合确认之诉的诉的利益之要素要求。

具体而言，没有诉的利益，即便原告是法律关系的主体，也不能起诉；具备了诉的利益，特殊情况下，即使原告不是法律关系的主体，也能起诉。例如，王某和张某要求确认二人之间的婚姻无效，一旦法院予以确认，张某和王某就不是婚姻法律关系的主体，但是此时当事人依然可以起诉。这是因为此时起诉的当事人具备诉的利益，即起诉确认婚姻无效后，当事人可以自由地结婚。

2. 有明确的被告。

有明确的被告，是指能提供明确的被告个人信息（姓名、性别、住址、联系方式等）。只要被告信息明确，下落不明也没关系，可以公告送达。若被告不明确，则应驳回起诉；若被告明确，但是原告对被告不享有权利，则应判决驳回诉讼请求。

3. 有具体的诉讼请求和事实、理由。

🅾 **注意**：只要求诉讼请求和事实、理由是具体的即可，并不要求诉讼请求和事实、理由是成立的。

4. 属于人民法院受理民事诉讼的范围和受诉人民法院管辖。

🅾 **注意**：案件属于劳动仲裁委员会主管范围的，或者双方当事人达成了有效的仲裁协议或者仲裁条款的，人民法院不应受理。

迷你案例

案情：德融公司起诉要求张某给付物业费，法院受理后，以被告不明确为由裁定驳回起诉。德融公司认为，自己起诉有明确的被告及相关信息。因涉及公民个人隐私，德融公司无权调取张某的身份信息，但其已向一审法院申请调取并提交申请书，一审法院却不予受理。因德融公司已濒临倒闭，需靠回收欠款才能进行周转，如按一审法院的裁定操作，德融公司将有近百件案件无法被受理，公司的利益将无法得到保护，会给公司造成重大经济损失，以致无法经营。且一审法院受理同批同类型案件时，曾经开出过调查函辅助原告进行调查。因此，德融物业公司认为一审法院适用法律不当，程序违法，为追求结案率，不顾当事人合法利益，简单粗暴地裁定驳回起诉。

问题：德融公司的主张是否成立？

> [分析思路] 本案的争议焦点是本案中的被告是否明确，原告是否符合起诉条件。《民事诉讼法》第 122 条规定："起诉必须符合下列条件：……②有明确的被告；……"所谓有明确的被告，是指原告起诉时提供了被告的姓名、性别、住址、联系方式等有效个人信息。但本案中，德融公司起诉被告张某时仅提供了姓名信息，其他信息均不明确，因此，该被告主体无法确定，法院据此裁定驳回德融公司的起诉，并无不当。被告基本信息的提供义务由原告方负担，进入诉讼程序之后，原告才可以申请法院调查取证。

答案：德融公司的主张不成立。德融公司作为原告，应提供被告的准确信息。现本案中被告并不明确，不符合起诉条件，德融公司也无权申请法院调查取证，法院并未违反法定程序。

考点 ⑪

[法条链接]《民事诉讼法》第122条　起诉必须符合下列条件：

（一）原告是与本案有直接利害关系的公民、法人和其他组织；

（二）有明确的被告；

（三）有具体的诉讼请求和事实、理由；

（四）属于人民法院受理民事诉讼的范围和受诉人民法院管辖。

二、一个消极条件

1. 当事人向法院起诉，法院受理案件的消极前提是此案件不构成重复起诉。这是指，已由法院对实体法律关系作出生效判决的案件，当事人又重复起诉的，法院不予受理。

同时满足以下三个条件，即构成重复起诉：

当事人标准	标的标准	请求标准
前后诉的当事人相同。	前后诉的诉讼标的相同。	前后诉的诉讼请求相同，或后诉的诉讼请求实质上否定前诉裁判结果。

🛈 注意：要注意重复起诉判断在以下四种情况下的运用：

（1）当事人在侵权诉讼中没有提出赔偿其精神损害的诉讼请求，诉讼终结后又基于同一侵权事实另行起诉请求赔偿其精神损害的，人民法院应当予以受理；

（2）当事人先就借款合同起诉，要求给付本金，后又就同一借款合同起诉，要求给付利息的，人民法院应当予以受理；

（3）当事人先选择基于侵权损害赔偿请求权向人民法院起诉，胜诉后又基于由同一事实产生的违约请求权向人民法院起诉的，人民法院不予受理；

（4）当事人先就债权中的一部分向人民法院起诉，其后又就债权中的剩余部分向人民法院起诉的，人民法院不予受理。

[法条链接]

《民事诉讼法》

第122条　起诉必须符合下列条件：

（一）原告是与本案有直接利害关系的公民、法人和其他组织；

（二）有明确的被告；

（三）有具体的诉讼请求和事实、理由；

（四）属于人民法院受理民事诉讼的范围和受诉人民法院管辖。

第157条　裁定适用于下列范围：

（一）不予受理；

（二）对管辖权有异议的；

（三）驳回起诉；

（四）保全和先予执行；

（五）准许或者不准许撤诉；

（六）中止或者终结诉讼；

（七）补正判决书中的笔误；

（八）中止或者终结执行；

（九）撤销或者不予执行仲裁裁决；

（十）不予执行公证机关赋予强制执行效力的债权文书；

（十一）其他需要裁定解决的事项。

对前款第 1 项至第 3 项裁定，可以上诉。

裁定书应当写明裁定结果和作出该裁定的理由。裁定书由审判人员、书记员署名，加盖人民法院印章。口头裁定的，记入笔录。

《民诉解释》第 247 条　当事人就已经提起诉讼的事项在诉讼过程中或者裁判生效后再次起诉，同时符合下列条件的，构成重复起诉：

（一）后诉与前诉的当事人相同；

（二）后诉与前诉的诉讼标的相同；

（三）后诉与前诉的诉讼请求相同，或者后诉的诉讼请求实质上否定前诉裁判结果。

当事人重复起诉的，裁定不予受理；已经受理的，裁定驳回起诉，但法律、司法解释另有规定的除外。

2. 重复起诉法院不再受理的基本规则存在例外，即裁判发生法律效力后，发生新的事实，当事人可以再次起诉。

📙注意：新的事实，是指裁判生效后、再次起诉前发生的事实。一旦发生新的事实，就需要法院重新作出评价。此时，当事人起诉就有了诉的利益，法院的裁判也具有了正当性。

迷你案例

案情：原告镁砂厂曾于 2015 年 7 月 20 日因返还原物纠纷将金美公司列为被告诉至法院，要求被告立即将原告所有的厂房、电熔镁砂炉等财产归还给原告。2017 年 4 月，判决生效后，镁砂厂再次起诉金美公司，又要求被告立即将原告所有的厂房、电熔镁砂炉等财产归还给原告。本次起诉所依据的事实是被告曾于 2017 年 2 月故意毁坏了原告的十几间厂房，价值数十万元。

问题：原告的再次起诉是否构成重复起诉？

［分析思路］本案中，原告主张，虽然其本次起诉的当事人及诉讼标的、诉讼请求均无

变化，但因有新的事实发生，故不构成重复起诉。但是，从原告描述的事实来看，其主张的新的事实是在此前诉讼过程中（一审判决作出后）发生的，而非在裁判发生法律效力之后。原告未能提供相应证据证明其本次起诉系因在裁判发生法律效力之后又发生新的原告事实，故原告本次起诉不属于《民诉解释》第248条规定的情形，构成重复起诉，法院应不予受理，已经受理的，应裁定驳回起诉。

答案：原告的再次起诉构成重复起诉。因原告再次起诉所依据的事实发生于原生效裁判作出之前，并不属于《民诉解释》第248条规定的"新的事实"，故原告就原诉讼标的再次提出相同诉讼请求的，构成重复起诉。

[法条链接]《民诉解释》第248条　裁判发生法律效力后，发生新的事实，当事人再次提起诉讼的，人民法院应当依法受理。

三、形式条件

刘鹏飞
主观题

除了需满足上述五个实质条件外，还需要满足一个形式条件，即原告还应向法院提交书面起诉状。起诉的条件是否符合法律规定，由法院依职权审查、调查。

当事人超过诉讼时效期间起诉的，法院应予受理。但当事人未提出诉讼时效抗辩的，法院不得主动援引诉讼时效的相关规定驳回原告的诉讼请求或主动对诉讼时效进行释明。

[法条链接]《民诉解释》第219条　当事人超过诉讼时效期间起诉的，人民法院应予受理。受理后对方当事人提出诉讼时效抗辩，人民法院经审理认为抗辩事由成立的，判决驳回原告的诉讼请求。

> **考点点拨**
>
> 考试中，法院应当裁定不予受理还是裁定驳回起诉，是很容易混淆的点。一般而言，符合起诉条件的，应登记立案，不符合起诉条件的，应裁定不予受理。受理之后发现不应受理的，应裁定驳回起诉。

12
审判组织

考试中，要注意题目给出的案例中的审判组织的组成是否正确。具体而言，要按照下列规则进行判断：

1. 一般而言，普通程序中应由 3 人、5 人或 7 人组成合议庭，可以吸纳陪审员。基层人民法院审理的基本事实清楚、权利义务关系明确（案情简单）的第一审民事案件，也可以由审判员 1 人适用普通程序独任审理。

适用独任制审理的，人民法院在审理过程中，发现案件不宜由审判员 1 人独任审理的，应当裁定转由合议庭审理。（依职权转化）

当事人认为案件由审判员 1 人独任审理违反法律规定的，可以向人民法院提出异议。人民法院对当事人提出的异议应当审查，异议成立的，裁定转由合议庭审理；异议不成立的，裁定驳回。（异议转化）

🄾注意：有三个细致的规则需要大家留意：

（1）院长或庭长参加审判的，院长或庭长必须担任审判长；

（2）陪审员不得担任审判长；

（3）七人合议庭应由 3 名法官和 4 名陪审员组成。

2. 审判组织在审理案件时应公开进行。涉及国家秘密和个人隐私的案件不得公开审理；涉及商业秘密的案件和离婚案件，当事人申请不公开审理的，可以不公开审理。

🄾注意：在一个审判程序中参与过本案审判工作的审判人员，不得再参与该案其他程序的审判。发回重审的案件，在一审法院作出裁判后又进入第二审程序的，原第二审程序中审判人员不受上述规定的限制。

考点 13

13
评议和宣判

合议庭评议案件，按照少数服从多数的原则进行。无法形成多数人意见的，提交审委会讨论决定。评议中的不同意见，必须如实记入笔录。对裁判持不同意见的审判人员必须在裁判文书上签名。七人合议庭中，陪审员只就事实认定问题表决，法官可以对事实认定和法律适用问题表决。

宣判分为两种：当庭宣判（当庭就给审判结果），要在 10 日内发给当事人判决书；定期宣判（改天再给审判结果），要在宣判后立即发给当事人判决书。

🄾注意：评议一律秘密进行；宣判必须公开进行。

14

撤 诉

原则上，主动撤诉需经法院同意；但辩论终结后，原告申请撤诉，被告不同意的，法院可以不予准许。原告方经传票传唤无正当理由拒不到庭，或者未经法庭许可中途退庭的，法院应裁定按撤诉处理。

一旦原告撤回起诉，整个一审程序即告结束。因为法院没有就案件作出生效的裁判、调解书，原纠纷没有经过法院实体处理，故可视为原告未曾起诉过。

 注意： 原告主动撤诉及法院按撤诉处理过的案件，原告可以就原纠纷再次起诉。

迷你案例

案情： 张某从原债权人谢某处受让债权后，将债务人姚某、保证人周某诉至法院。三方曾签订的《借款协议》载明：若发生纠纷，谢某、姚某同意向深圳仲裁委员会申请仲裁。姚某据此提出异议，认为法院对本案没有管辖权。张某主张自己不知有《借款协议》，遂向法院申请撤诉，并向深圳仲裁委员会申请仲裁，且拟将周某另行起诉至法院。

法院认为，张某在明知《借款协议》约定三方发生争议且协商不成时由深圳仲裁委员会仲裁的情况下，仍向法院起诉，违反了诚信原则。既然本案已经申请仲裁，就应由深圳仲裁委处理。若单独起诉周某，则不利于查明案情。法院遂裁定不准予张某撤回对姚某的起诉，并驳回了张某对周某的起诉。

张某不服驳回起诉的裁定，向二审法院提起上诉。

问题： 对于本案，二审法院应如何处理？

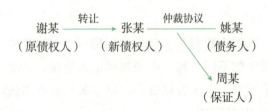

[分析思路] 首先，本案中的仲裁协议是由原债权人谢某和债务人姚某所签订，因仲裁协议具有相对性，因此，本案中的仲裁协议应仅对谢某和姚某有效。后谢某将债权让与张某，根据仲裁法相关原理，张某承认仲裁协议对其具有约束力，因此，仲裁协议亦是张某和姚某用于选择解决纠纷方式的协议，对二者有效。

其次，要明确债务人和连带保证人是否属于必要共同诉讼人。应该认为，若债权人将二者列为共同被告，在诉讼中，二者属于必要共同诉讼人。但如果债权人单独起诉债务人或者连带保证人，并非必须同时追加另一方作为必要共同诉讼人参加诉讼。也就是说，连带保证人和债务人并非必须一起参加诉讼。

综上，因为张某和连带保证人周某之间并不存在仲裁协议，所以张某可依据《借款协议》申请对姚某进行仲裁，也可基于担保关系对周某提起诉讼，本案中，仲裁并非诉讼的前置程序。张某作为债权人，若仅以连带责任保证人周某为被告提起诉讼，亦符合法律规定，且其起诉符合《民事诉讼法》第122条规定的起诉条件。一审法院以主合同争议已申请仲裁，保证合同为从合同，姚某系必要诉讼参与人，张某撤回对姚某的起诉不利于查清案件事实为由，裁定不准予张某撤诉并驳回张某的起诉缺乏依据。

本案中，张某仅对连带保证人周某提起诉讼，法院应当受理。但基于张某和姚某已经向仲裁委申请仲裁，仲裁的结果是张某和周某诉讼案件的裁判依据之一，故应当中止诉讼，等待仲裁案件审理完毕，以仲裁案件的审理结果为依据恢复对诉讼案件的审理。

答案： 二审法院应撤销一审法院作出的驳回起诉的裁定，指令一审法院审理本案。一审法院可以中止诉讼，等待仲裁案件审理完毕，以仲裁案件的审理结果为依据恢复对诉讼案件的审理。因张某和姚某之间签订了有效的仲裁协议，张某和连带保证人周某之间并不存在仲裁协议，故张某和姚某的债权债务纠纷应向仲裁委申请仲裁。同时，在仲裁相关法律制度和程序中不存在第三人制度的情况下，周某无法以当事人或第三人的身份参与仲裁程序，只能通过诉讼程序解决。一审将全案驳回起诉，未区分被上诉人之间不同的法律关系及相对应的解决方式。张某与周某之间的争议符合法定的起诉条件，属于法院应当受理的案件范围，一审法院以无法查清案件事实为由驳回张某的起诉有违法律规定。仲裁案件审理的是主合同纠纷，其审理结果是诉讼案件的前提，为避免裁判结果和仲裁裁决出现冲突，应当中止诉讼，等待仲裁案件审理完毕，以仲裁案件的审理结果为依据恢复对诉讼案件的审理。

[法条链接]《民事诉讼法》

第122条 起诉必须符合下列条件：

（一）原告是与本案有直接利害关系的公民、法人和其他组织；

（二）有明确的被告；

（三）有具体的诉讼请求和事实、理由；

（四）属于人民法院受理民事诉讼的范围和受诉人民法院管辖。

第177条 第二审人民法院对上诉案件，经过审理，按照下列情形，分别处理：

（一）原判决、裁定认定事实清楚，适用法律正确的，以判决、裁定方式驳回上诉，维持原判决、裁定；

（二）原判决、裁定认定事实错误或者适用法律错误的，以判决、裁定方式依法改判、

考点⑭

撤销或者变更；

（三）原判决认定基本事实不清的，裁定撤销原判决，发回原审人民法院重审，或者查清事实后改判；

（四）原判决遗漏当事人或者违法缺席判决等严重违反法定程序的，裁定撤销原判决，发回原审人民法院重审。

原审人民法院对发回重审的案件作出判决后，当事人提起上诉的，第二审人民法院不得再次发回重审。

第178条 第二审人民法院对不服第一审人民法院裁定的上诉案件的处理，一律使用裁定。

15

诉讼中其他特殊情况的处理

刘鹏飞
主观题

一般来讲，主观题考试中可能出现的特殊情况，主要是区分延期审理、诉讼中止与诉讼终结三种处理方式的适用情形。

1. 延期审理的实质是法院决定将庭审延期，包括以下几种情形：

（1）必须到庭的当事人和其他诉讼参与人有正当理由没有到庭的；（有正当理由无法到庭的）

（2）当事人临时提出回避申请的；（当庭提出回避申请的）

（3）需要通知新的证人到庭，调取新的证据，重新鉴定、勘验，或者需要补充调查的；（有新的证据出现的）

（4）其他应当延期审理的情形。

2. 诉讼中止是将整个诉讼程序停止，其适用的法定事由与延期审理不同，包括以下几种情形：

（1）一方当事人死亡，需要等待继承人表明是否参加诉讼的。

（2）一方当事人丧失诉讼行为能力，尚未确定法定代理人的。

（3）作为一方当事人的法人或者其他组织终止，尚未确定权利义务承受人的。

（4）一方当事人因不可抗力，不能参加诉讼的。

ⓘ注意：这里的不可抗力指的是造成诉讼无限期拖延的事由，如洪水、地震灾害等。

（5）本案必须以另一案的审理结果为依据，而另一案尚未审结的。

（6）其他应当中止诉讼的情形。

3. 诉讼终结，是指整个诉讼程序彻底结束，无法恢复。其包括以下四种情形：

（1）原告死亡，没有继承人，或者继承人放弃诉讼权利的；

（2）被告死亡，没有遗产，也没有应当承担义务的人的；

（3）离婚案件一方当事人死亡的；

（4）追索赡养费、扶养费、抚养费以及解除收养关系案件的一方当事人死亡的。

考点点拨

很多同学经常混淆这三个相似程序的适用情形，这里可以这样记：

如果庭审只是暂时无法进行了，可以预见将来恢复的时间，那么决定延期审理就可以，延期审理的时间一般比较短；如果庭审无法进行，以至于诉讼进程都受到干扰，但是程序还可以恢复，只是恢复时间遥遥无期、难以预计，那就裁定诉讼中止，意思就是要彻底停下来等待变化的契机；如果诉讼已经没有必要再继续进行（这时候肯定尚未得到最后的裁判结果），那就裁定诉讼终结。诉讼终结之后，绝无可能再行恢复，诉讼程序彻底地结束了。从这个角度把握，其实比记住具体的情形更加适合主观题考试备考。

代位权诉讼小专题

1. 代位权诉讼的诉的合并规则

重要规则一：债权人向人民法院起诉债务人后，又向同一人民法院对债务人的相对人提起代位权诉讼，属于该人民法院管辖的，可以合并审理。不属于该人民法院管辖的，应当告知其向有管辖权的人民法院另行起诉；在起诉债务人的诉讼终结前，代位权诉讼应当中止。

重要规则二：在代位权诉讼中，债务人对超过债权人代位请求数额的债权部分起诉相对人，属于同一人民法院管辖的，可以合并审理。不属于同一人民法院管辖的，应当告知其向有管辖权的人民法院另行起诉；在代位权诉讼终结前，债务人对相对人的诉讼应当中止。

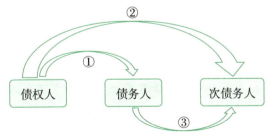

［结论］

①+②+有管辖权=合并审理

①+②+无管辖权=告知另诉+诉讼中止②

②+③（超额部分）+有管辖权=合并审理

②+③（超额部分）+无管辖权=告知另诉+诉讼中止③

考点 15

2. 对次债务人的抗辩处理

债务人的相对人仅以债权人提起代位权诉讼时债权人与债务人之间的债权债务关系未经生效法律文书确认为由，主张债权人提起的诉讼不符合代位权行使条件的，人民法院不予支持。

第四讲

▶▶▶▶ **回顾与应用** ◀◀◀◀

总结梳理

刘鹏飞 主观题

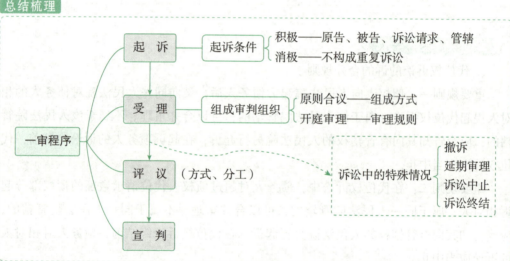

```
                                    积极——原告、被告、诉讼请求、管辖
                起诉——起诉条件
                                    消极——不构成重复诉讼

                                    原则合议——组成方式
                受理——组成审判组织
                                    开庭审理——审理规则
    一审程序
                                                            撒诉
                评议（方式、分工）          诉讼中的特殊情况    延期审理
                                                            诉讼中止
                                                            诉讼终结
                宣判
```

小综案例❶

[案情] 2012年11月，廖某与原第三医院签订《房屋租赁合同》，约定原第三医院将位于某处的建筑面积1270平方米的房屋出租给廖某经营住宿、餐饮业务，租赁期限10年，每3年签订一次合同，第一个3年的租金为25万元/年。合同签订后，廖某于2012年11月21日向原第三医院支付租金25万元。2012年12月27日，原第三医院以城市规划改建为由，书面通知廖某停止对租赁房屋的装修并解除合同。其后，原第三医院分立为第二医院和口腔医院。廖某因房屋租赁合同纠纷将第二医院、口腔医院诉至法院。

原告廖某向法院提出如下诉讼请求：①判令二被告履行双方于 2013 年 5 月 7 日签订的《房屋租赁合同》上约定的义务，向原告支付装修装饰工程款共计 1 252 610 元，并按中国人民银行同期贷款利率计算并支付利息，大约 7 万元；②判令二被告返还原告交纳的房屋租金 25 万元，并按中国人民银行同期贷款利率计算并支付利息，大约 1 万元（从 2012 年 11 月 21 日起至返还之日止）；③判令二被告向原告支付违约金 430 万元；④判令二被告承担本案的一切费用。

一审法院判决如下：

一、被告第二医院、口腔医院于本判决生效之日起 5 日内向原告廖某支付工程款 1 252 610 元。

二、被告第二医院、口腔医院于本判决生效之日起 5 日内返还原告廖某房屋租金 200 000 元，并从 2014 年 2 月 17 日起至返还之日止，按照中国人民银行同期同类贷款基准利率支付利息。

三、被告第二医院、口腔医院于本判决生效之日起 5 日内向原告廖某支付违约金，以未付工程款 1 252 610 元为基数，从 2013 年 9 月 18 日起至付清之日止，按月利率 20‰计算。

四、驳回原告廖某的其他诉讼请求。

裁判生效后，廖某再次向法院起诉，并提出如下诉讼请求：①确认口腔医院出租的房屋违反了法律、法规的强制性规定，不符合合同约定经营住宿、餐饮业务的使用条件；②确认第二医院承担本案的民事连带责任；③判令第二医院、口腔医院共同向廖某赔偿合同履行后的可得利益损失 1 561 080 元；④本案诉讼费用由第二医院、口腔医院承担。

问题：

1. 对于廖某第二次起诉时提出的诉讼请求①，法院应如何处理？

2. 对于廖某第二次起诉时提出的诉讼请求②，法院应如何处理？

3. 对于廖某第二次起诉时提出的诉讼请求③，法院应如何处理？

[分析思路] 要顺利回答以上问题，就要先搞清楚确认之诉确认的对象——实体法律关系或者实体权利是否存在。

在廖某第二次起诉提出的诉讼请求中，诉讼请求①是对法律事实的确认，而非对权利的确认。即廖某的诉讼请求①不是一项明确、具体的诉讼请求，不符合诉的构成要件。

廖某第二次起诉提出的诉讼请求②，虽然表意为要求第二医院承担连带责任，但其实际上是为了请求法院确认第二医院与口腔医院为"共同诉讼人""共同被告"，二者需共同承担责任。廖某已将第二医院、口腔医院列为共同被告，其诉讼主体地位已经确认，但廖某未在该项诉请中明确二被告承担连带责任的范围，不符合《民事诉讼法》第 122 条第 3 项规定的"有具体的诉讼请求"的起诉条件。

关于廖某第二次起诉提出的诉讼请求③，其主张的利益损失实际上就是合同相对方违约终止合同后需承担的违约责任问题。该项请求在已生效的民事判决书中已被认定并处理，廖某针对该事项再次提出诉讼请求，要求救济的是同一实体权利，构成重复起诉。廖某第二次提起的诉讼（以下称"后诉"）与前诉中的当事人及其诉讼地位均相同；后诉与前诉的诉讼标的，即廖某与第二医院、口腔医院之间因发生争议而请求法院作出裁判的法律关系（房屋租赁合同关系）也相同；后诉与前诉的诉讼请求虽然在形式上并不完全相同，但后诉的诉讼请求事项，即口腔医院是否存在违约行为、案涉房屋租赁合同的具体解除时间的认定、第二医院是否应承担连带责任、口腔医院应如何承担违约责任等问题均在业已生效的前诉中得到裁判，廖某所提后诉的诉讼请求实质上与前诉相同。

同时，廖某第二次起诉提出的诉讼请求②③所依据的事实，不存在《民诉解释》第248条规定的当事人针对生效判决已经确认的事实可以再次提起诉讼的情形，即不存在"新的事实"。

综上，廖某的第二次起诉不符合法律规定的起诉条件，且构成重复诉讼，应予驳回。

答案

1. 对于廖某第二次起诉的诉讼请求①，法院应不予受理。因为该诉讼请求不具备明确的权利主张，不构成明确、具体的诉讼请求，不符合诉的构成要件。

2. 对于廖某第二次起诉的诉讼请求②，法院应不予受理。因为该诉讼请求内容不够明确、具体，未清晰阐明要求被告承担连带责任的范围。

3. 对于廖某第二次起诉的诉讼请求③，法院应不予受理。因为该诉讼请求构成重复起诉，法院已经作出了生效的判决，且该诉讼请求并非依据新的事实提出。

小综案例② ▶▶▶

[案情] 梁某某因与高某产生返还原物纠纷，提起诉讼，主张房屋登记在自己名下，自己系所有权人，要求高某腾房，向其返还该房屋。审理过程中，高某以"借名买房"为由向A区法院提起反诉，主张自己是借梁某某的经济适用房购买名额购房，自己才是房屋所有权人，要求梁某某向其归还购房款并赔偿装修费用等损失，但随后高某又自行撤诉。

一审法院经审理认为，房产证上载明的房屋所有权人为梁某某，故梁某某系该房的合法所有权人，其依法对该房享有占有、使用、收益和处分的权利。高某未提交充分证据证明其有权占有案涉房屋。梁某某要求高某腾退案涉房屋，理由正当，法院予以支持，但法院酌情给予高某一定合理的腾退时间。据此，一审法院作出判决：高某于判决生效之日起3个月内将案涉房屋腾退给梁某某。

收到一审判决后，高某在提起上诉的同时，再次向 A 区法院提起诉讼，同样以"借名买房"为由要求梁某某向其归还购房款并赔偿装修费用等损失。二审法院认为，本案的争议焦点为高某是否应当腾退房屋。高某不同意腾退房屋的理由为高某与梁某某之间存在借名买房法律关系，其就此提交了相应的证据。二审法院查明，高某已就借名买房问题向一审法院提起了诉讼，因此，二审法院认为，在双方借名买房纠纷审结之前，案涉房屋暂不予腾退为宜。根据《民事诉讼法》第 177 条第 1 款第 2 项的规定，二审法院作出如下判决：①撤销一审民事判决；②驳回梁某某的诉讼请求。

二审法院以此为由结案后，高某便向其起诉的一审法院就借名买房案件申请办理了撤诉手续。

梁某某不服，就此二审判决向法院申请再审。梁某某认为，根据我国《民事诉讼法》第 153 条第 1 款第 5 项的规定，即自己现有的新的证据，足以推翻二审判决。

问题：

1. 如何评价二审法院的判决？
2. 二审中，高某再次向 A 区法院起诉，法院应如何处理？
3. 若梁某某的理由成立，再审法院应如何处理？

$$\text{梁某某} \xleftarrow{\text{确权} \rightarrow \text{返还、赔偿（反诉）}} \text{高某}$$

梁某某　　　　　　　　　　　　　　高某
（名义权利人）　　　腾房（本诉）　　（实际权利人）

[分析思路] 本案应从实体和程序两个角度进行分析。从实体方面来看，高某不同意腾退房屋的理由为高某与梁某某之间存在借名买房法律关系，其就此提交了相应的证据。二审法院审理期间，高某就借名买房问题向一审法院提起诉讼。目前，本案主要的事实争议焦点为房屋的产权究竟归属何人。若房产属于梁某某所有，则高某应返还原物；若确为借名买房，高某为案涉房屋真正的所有权人，则其不需要腾退。

但从程序上看，若一审中高某即提起反诉，则法院可以将本诉和反诉合并审理。但是，当事人高某在一审中提起反诉后又撤诉，并在案件进入二审程序的审理过程中，直接向一审法院起诉，这就形成了两个独立的诉。因为案涉房屋是否属于借名买房与高某是否需要腾退房屋二者争议的焦点事实是一致的，即前述房屋的产权究竟归属于谁。若认为二审案件的裁判结果会对一审案件的裁判造成影响，那么为保证裁判的统一性，应将一审案件的诉讼程序中止，待二审案件审结后，再以二审案件的裁判结果为依据，继续审理一审案件。法院在没有确定产权归属的情况下就直接判决驳回当事人的诉讼请求，判决产生既判力后会导致当事人无法再起诉，影响当事人实体权利的实现。

答案

1. 二审法院的判决存在错误。房屋的所有权归属属于实体问题，法院应对证据进行综合审查判断后判定案涉房屋的权利归属。但二审法院认为，由于高某已就借名买房问题向一审法院提起了诉讼，因此，在双方借名买房纠纷审结之前，案涉房屋暂不予腾退为宜。在事实尚未查清的情况下，作出实体判决驳回原告的诉讼请求，属于事实认定不清。

2. A区法院应裁定受理案件，并裁定中止审理案件。高某起诉梁某某要求确权和梁某某起诉要求高某腾房，与二审法院正在审理的案件的争议事实焦点一样，都是要认定房屋的权利归属。因此，返还房款和赔偿装修款这两个请求都应以权利归属的确认为事实前提。因此，虽然高某另诉符合起诉条件，但应先中止该诉讼，等待二审案件的审理结果，再以该结果为依据，继续审理，以避免矛盾判决。

3. 因二审判决存在事实认定不清的错误，若梁某某申请再审的理由成立，再审法院应撤销原判，发回重审，或者查清事实后改判。

不要盯着自己的双脚看是否跳对了舞步，只要跳就好了。

致奋进中的你

第 5 讲

LECTURE

05

简 易 程 序

16

简易程序的适用范围

只有基层人民法院和它的派出法庭[1]审理的简单案件可以适用简易程序。以下案件不得适用简易程序：

不得适用
简易程序 ✖

- 起诉时被告下落不明的
- 当事人一方人数众多的
- 发回重审和再审的
- 第三人起诉请求改变或者撤销生效判决、裁定、调解书的（第三人撤销之诉）
- 涉及国家利益、社会公共利益的

ℹ️ **注意**：起诉时被告下落不明才不能适用简易程序，如果开庭时被告下落不明，一般直接缺席审理即可。

---

〔1〕 基层法院为了审案方便，可以设置派出机构，称之为派出法庭。派出法庭只能审理民事案件，不能审理刑事案件。

17

简易程序的程序特点

1. 送达简便

可以采用简便方式送达，对具体的送达形式没有规定，只要送达到就可以。传唤双方当事人、通知证人、送达裁判文书以外的诉讼文书，要确保收到，未确认收到不得缺席判决。

 注意：简易程序不允许公告送达，但可以简便送达（如打电话）。

2. 独任审理，但必须开庭审理。

3. 可转为普通程序

当事人可以在开庭审理前就适用简易程序提出异议，由法院审查裁定；法院也可以在审限届满前主动作出将案件转入普通程序审理的裁定，并书面通知当事人。

[法条链接]《民事诉讼法》第170条 人民法院在审理过程中，发现案件不宜适用简易程序的，裁定转为普通程序。

 刘鹏飞 主观题

第五讲

◆◆◆ 回顾与应用 ◆◆◆

总结梳理

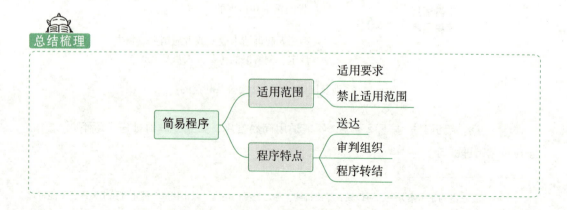

简易程序
- 适用范围
  - 适用要求
  - 禁止适用范围
- 程序特点
  - 送达
  - 审判组织
  - 程序转结

小综案例

[案情] 2005 年 9 月 2 日，×村村委会与 A 律师事务所签订《委托代理合同》，委托 A 律师事务所在该村与邹某某土地承包纠纷一案中，代为提起申诉或抗诉、收集证据、出席听证会等庭审活动。A 律师事务所指派夏某担任该案的代理人。该村村委会交纳代理费 15 000 元。2005 年 9 月 7 日、8 日，A 律师事务所分别到 ×县乡村建设管理处、×县国土资源环境保护局，针对 ×村与邹某某土地承包纠纷一案的相关情况进行了调查取证。2005 年 12 月，×村派 3 人到法院立案。2006 年 3 月 7 日，×村又委托 B 律师事务所岳某某担任 ×村与邹某某土地承包纠纷一案的代理人，并将 A 律师事务所诉至法院，要求其返还代理费 15 000 元。

审理此案的一审法院认为，×村认为 A 律师事务所未完成其委托的代理事项，要求返还代理费的诉讼请求，没有事实依据和法律依据，不予支持。

×村村委会针对事实认定和诉讼程序问题提起上诉，称原审认定事实和判决结果错误。村委会和 A 律师事务所之间的委托合同已经解除；×县法院审判程序违法，我村于 2007 年 3 月 2 日立案，由吕某独任审判，适用了简易程序；9 月 1 日再次开庭，增加了人民陪审员，适用了普通程序，法院中途改变审判组织，严重违反法定程序。

问题：

1. ×村村委会对 A 律师事务所的授权是特别授权还是一般授权？

2. ×村村委会的上诉请求是否成立？

[分析思路] 关于被上诉人是否应将代理费 15 000 元返还给上诉人的问题：上诉人与被上诉人于 2005 年 9 月 2 日签订的《委托代理合同》是双方当事人的真实意思表示，合同签订后，A 律师事务所指派该所律师夏某担任 ×村村委会的委托代理人，对 ×村委托的事务进行了调查取证，合同有效且已经实际履行。上诉人 ×村村委会在与被上诉人 A 律师事务所的委托合同解除前另行委托他人，系其单方行为，故原审认定其要求返还代理费的诉讼请求无事实及法律依据亦无不当。

关于原审程序是否违法的问题：原审法院以简易程序审理此案，在审理过程中鉴于案情复杂，不宜适用简易程序审理，根据《民事诉讼法》第 170 条的规定，将此案转为普通程序审理，将独任审判改为合议审判，并无违法之处。综上，×村村委会的上诉请求不能成立，应予驳回。

答案

1. ×村村委会对 A 律师事务所的授权属于一般授权。因村委会委托该律所代为提起申诉或抗诉、收集证据、出席听证会等庭审活动，未授予该律所承认、放弃、变更诉讼请求，和解，反诉和上诉的权利，故属于一般授权。

2. × 村村委会上诉请求不成立。根据《民事诉讼法》的相关规定，法院可以在审限届满前将适用简易程序审理的案件转为普通程序审理，将独任审判改为合议审判。因此，× 村村委会的上诉请求无法律依据，不能成立。

天下难事，必作于易；
天下大事，必作于细。

致奋进中的你

第6讲

LECTURE

06

二 审 程 序

18

上 诉 条 件

一、上诉人的确定

只有当事人、法定代理人和特别授权的诉讼代理人，以及被判决承担民事责任的无独三可以上诉。若一审为必要共同诉讼，则共同诉讼上诉人的确定规则为：谁上诉，谁就是上诉人；对谁不满，谁就是被上诉人；其他人按照原审诉讼地位列明。

📌 注意：以下两点是主观题常常用来迷惑大家的考点：

1. 没有被判决承担民事责任的无独三即便提出了上诉，也不能列为上诉人。

2. 提出上诉，但没提交上诉状或者过了上诉期才提交上诉状的，不能列为上诉人。

案情：林某某将徐某、刘某某诉至法院。原告林某某主张，他与被告徐某合伙承包某汽车城幕墙玻璃安装工程，后徐某向林某某出具了欠条，表明在工程结算后，徐某欠林某某443 000元。被告刘某某与徐某系夫妻关系。一审法院判决被告徐某、刘某某向原告林某某支付欠款263 000元。原审被告徐某提出了上诉，将林某某与刘某某列为被上诉人。徐某表示，刘某某不是合伙相对人，不应当承担民事法律责任。原审被告刘某某也提出了上诉，但未依法交纳二审案件上诉费。

问题：本案二审中，当事人的诉讼地位应当如何确定？

[分析思路] 本案中，原审被告刘某某虽提出了上诉，但未依法交纳二审案件上诉费，因此，法院应裁定对其按照自动撤回上诉处理，仅将原审被告徐某列为上诉人。

上诉人徐某虽在其上诉状中将原审被告刘某某列为被上诉人，但其在上诉的"事实与理由"中明确阐述刘某某不应当承担民事法律责任。《民诉解释》第317条规定："必要共同诉讼人的一人或者部分人提起上诉的，按下列情形分别处理：①上诉仅对与对方当事人之间权利义务分担有意见，不涉及其他共同诉讼人利益的，对方当事人为被上诉人，未上诉的同一方当事人依原审诉讼地位列明；……"因此，刘某某应当以原审被告的身份参与本案二审，法院仅将原审原告林某某列为被上诉人。

答案：本案的上诉人为徐某，被上诉人为林某某，刘某某列为原审共同被告。因为刘某某虽提出了上诉，但未依法交纳二审案件上诉费，所以法院应裁定对刘某某按照自动撤回上诉处理；而徐某仅和林某某之间存在权利义务的争议，所以法院应当将林某某列为被上诉人，刘某某列为原审共同被告。

[法条链接]《民诉解释》第317条 必要共同诉讼人的一人或者部分人提起上诉的，按下列情形分别处理：

（一）上诉仅对与对方当事人之间权利义务分担有意见，不涉及其他共同诉讼人利益的，对方当事人为被上诉人，未上诉的同一方当事人依原审诉讼地位列明；

（二）上诉仅对共同诉讼人之间权利义务分担有意见，不涉及对方当事人利益的，未上诉的同一方当事人为被上诉人，对方当事人依原审诉讼地位列明；

（三）上诉对双方当事人之间以及共同诉讼人之间权利义务承担有意见的，未提起上诉的其他当事人均为被上诉人。

二、客体

1. 调解书一律不可上诉。

2. 多数判决可以上诉，但以下判决不可上诉：①最高院一审的判决；②小额诉讼的判决；③督促程序、公示催告程序、特别程序的判决。

3. 多数裁定不可上诉，但以下裁定可以上诉：①不予受理的裁定；②驳回起诉的裁定；③管辖权异议的裁定。

三、上诉期

必须在法定上诉期间内递交书面上诉状。对判决的上诉期为15天，对裁定的上诉期为10天，在中国境内没有住所的当事人的上诉期为30天。

19

二审审理

一、审理方式

1. 二审案件原则上应由审判员组成合议庭审理。一般情况下不能适用独任庭，也不能吸收陪审员。

注意：根据《民事诉讼法》的规定，在二审程序同时满足以下四个条件的时候，可以适用独任制审理：

（1）审理二审案件的法院是中级法院（一审就必须是基层法院审理的）；

（2）属于对裁定上诉或者对适用简易程序审结上诉的案件；

（3）案件事实清楚，权利义务关系明确；

（4）双方当事人都同意适用独任制。

但人民法院审理下列民事案件，不得由审判员 1 人独任审理：

（1）涉及国家利益、社会公共利益的案件；

（2）涉及群体性纠纷，可能影响社会稳定的案件；

（3）人民群众广泛关注或者其他社会影响较大的案件；

（4）属于新类型或者疑难复杂的案件；

（5）法律规定应当组成合议庭审理的案件；

（6）其他不宜由审判员 1 人独任审理的案件。

2. 二审案件以开庭审理为原则，满足以下四个条件之一，合议庭可以不开庭审理，只要阅卷、调查和询问当事人即可（术语叫"迳行裁判"）：

（1）对不予受理、驳回起诉、管辖权异议裁定上诉的；

（2）原判决严重违反法定程序，需要发回重审的；

（3）原裁判认定事实清楚，但适用法律错误的；

（4）当事人提出的上诉请求明显不能成立的。

二、审理范围

1. 不告不理：二审法院应当围绕当事人上诉请求的范围进行审理，当事人没有提出请求的，不予审理。

2. 有错必纠：一审判决违反法律禁止性规定，或者损害国家利益、社会公共利益、

考点 19

他人合法权益的，即使上诉人没有请求纠正，法院也应主动纠正。

注意：若仅仅是一审裁判错误，令对方当事人利益受损，则上诉人不请求，法院就不审理。

三、审理内容

二审既是事实审，也是法律审。对于当事人提出上诉请求的部分，二审法院应当进行全面审查。即在审理当事人提出的上诉请求时，二审法院既纠正一审的事实错误，也纠正一审的法律错误。

这就意味着，当事人对某项请求提出上诉，但只是认为该项请求存在事实认定错误时，二审法院可以对该项请求的事实认定和法律适用进行全面审查。但是对于当事人没有提出上诉的请求，不管是事实问题还是法律问题，二审法院一般都是不予审查的。

即使二审最终推翻了一审的裁判，一审中的举证、保全等诉讼行为在二审中也仍然有效。

20 二审裁判

二审中该如何作出裁判，大家要谨记以下七种处理方法：

1. 原裁判认定事实清楚，适用法律正确，则应裁判驳回上诉请求，维持原裁判。

2. 原裁判认定事实、适用法律有瑕疵，裁判结果正确，则应纠正瑕疵，驳回上诉请求，维持原裁判。

3. 原裁判认定事实错误或者适用法律错误，则应裁定撤销、变更原裁定或者直接改判。

4. 原判决认定基本事实不清，则应裁定撤销原判，发回重审，或查清事实后改判。

5. 原判决严重违反法定程序，则应裁定撤销原判，发回重审。

注意：严重违反法定程序仅包括下列情形：①遗漏当事人的；②违法缺席判决的；③审判组织的组成不合法的；④应当回避的审判人员未回避的；⑤无诉讼行为能力人未经法定代理人代为诉讼的；⑥违法剥夺当事人辩论权利的。其中，遗漏当事人的，应由法院调解，调解不成的，撤销原判，发回重审；其他五种情形，则应由法院直接裁定撤销原判，发回重审，没有调解的空间。

6. 原裁判违反专属管辖，则应裁定撤销原判，移送有管辖权的法院审理。

7. 原裁判法院审理了不应由法院受理的案件，则应裁定撤销原判，驳回起诉。

迷你案例

案情：马某将宇宁公司诉至法院。一审中，原告马某称，被告宇宁公司侵犯了自己的新型专利。法院判决被告败诉。宇宁公司不服一审判决，提出上诉。二审中，上诉人宇宁公司向法院提交了自己与某经贸公司在诉讼之前签订的建筑门窗合同，证明相关房地产项目中所使用的建筑门窗均为该经贸公司制作安装，有合法来源。

被上诉人马某质证意见为：上诉人宇宁公司提交的证据在一审时已经客观存在，也为宇宁公司所掌握，只是由于宇宁公司本身的主观过错没有在一审举证期限届满前提出，因此可以视为宇宁公司放弃了举证的权利。

问题：本案在程序上应如何处理？

> [分析思路] 根据《民诉解释》的规定，当事人因客观原因逾期提交的证据，法院应予采纳。当事人因故意或者重大过失逾期提供的证据，与案件基本事实有关的，法院应予采纳。本案中，上诉人宇宁公司提交的其与该经贸公司之间的建筑门窗合同，系当事人在诉讼前就已经签订，但未在举证期内及时提交的证据，虽不属于因客观原因逾期提交的情形，但该证据与本案的基本事实有关，法院应当采纳，并可追加实际侵权人参加本案诉讼活动。

答案：上诉人宇宁公司在二审中提交的建筑门窗合同虽系当事人主观原因未及时提交的证据，但其与案件基本事实有关，法院亦应采纳。

[法条链接]

《民事诉讼法》第 177 条 第二审人民法院对上诉案件，经过审理，按照下列情形，分别处理：

（一）原判决、裁定认定事实清楚，适用法律正确的，以判决、裁定方式驳回上诉，维持原判决、裁定；

（二）原判决、裁定认定事实错误或者适用法律错误的，以判决、裁定方式依法改判、撤销或者变更；

（三）原判决认定基本事实不清的，裁定撤销原判决，发回原审人民法院重审，或者查清事实后改判；

（四）原判决遗漏当事人或者违法缺席判决等严重违反法定程序的，裁定撤销原判决，发回原审人民法院重审。

原审人民法院对发回重审的案件作出判决后，当事人提起上诉的，第二审人民法院不得再次发回重审。

《民诉解释》

第 101 条第 2 款 当事人因客观原因逾期提供证据，或者对方当事人对逾期提供证据未提出异议的，视为未逾期。

考点 ⑳

第102条第1、2款 当事人因故意或者重大过失逾期提供的证据，人民法院不予采纳。但该证据与案件基本事实有关的，人民法院应当采纳，并依照民事诉讼法第68条、第118条第1款的规定予以训诫、罚款。

当事人非因故意或者重大过失逾期提供的证据，人民法院应当采纳，并对当事人予以训诫。

第323条 下列情形，可以认定为民事诉讼法第177条第1款第4项规定的严重违反法定程序：

（一）审判组织的组成不合法的；

（二）应当回避的审判人员未回避的；

（三）无诉讼行为能力人未经法定代理人代为诉讼的；

（四）违法剥夺当事人辩论权利的。

21

二审调解

一、通过发回重审纠正

二审法院发现原来的一审程序遗漏了应当参加诉讼的必要共同诉讼人或第三人（漏人），或者对一审中当事人提出的诉讼请求未加判决（漏判）的，可以调解；调解不成的，撤销原判，发回重审。

一审判决不准离婚，二审法院认为应该判决离婚的案件，可以调解；调解不成的，发回重审。双方当事人同意由二审法院一并审理的，二审法院可以一并裁判。

🈲注意：将案件发回重审，是将人身关系部分、子女抚养和财产分割部分全案发回，并非只发回某部分。

到目前为止，民事诉讼中的发回重审只能发回1次，且一审法院须另行组成合议庭[1]审理。发回重审后，又上诉到二审法院的，原来参加过二审的法官还可以再次参加合议庭进行审理。

案情：王老太太早年丧偶，独自抚养两个儿子长大成人后，因王老太太年老体弱，两

---

　　[1] 另行组成合议庭，是指合议庭所有成员都要更换。这和回避的法律效果是不同的，某个审判人员被回避了，只需要更换被回避的人员即可，不需要另行组成合议庭。一定要注意诉讼法术语的严密性。

个儿子都不愿意履行赡养义务。王老太太遂向法院起诉，要求法院为其与两个儿子分家析产，并责令两个儿子支付赡养费。一审法院经过审理，判决两个儿子每人向王老太太一次性支付赡养费5万元。王老太太不服一审判决，向上级法院提出上诉。二审法院在审理过程中发现一审法院未进行分家析产。

问题：此时二审法院应当如何处理？

[分析思路] 在本案中，一审法院遗漏了当事人在一审中提出的诉讼请求——分家析产，属于二审法院发现一审法院存在"漏判"的情况，按照法律规定，二审法院可以根据自愿原则调解；调解不成的，撤销原判决，发回原审法院重审。

答案：二审法院对于一审法院漏判的内容，可以调解；调解不成的，撤销原判决，发回一审法院重审。

[法条链接]

《民诉解释》

第324条　对当事人在第一审程序中已经提出的诉讼请求，原审人民法院未作审理、判决的，第二审人民法院可以根据当事人自愿的原则进行调解；调解不成的，发回重审。

第327条　一审判决不准离婚的案件，上诉后，第二审人民法院认为应当判决离婚的，可以根据当事人自愿的原则，与子女抚养、财产问题一并调解；调解不成的，发回重审。

双方当事人同意由第二审人民法院一并审理的，第二审人民法院可以一并裁判。

《民事诉讼法》第177条　第二审人民法院对上诉案件，经过审理，按照下列情形，分别处理：

（一）原判决、裁定认定事实清楚，适用法律正确的，以判决、裁定方式驳回上诉，维持原判决、裁定；

（二）原判决、裁定认定事实错误或者适用法律错误的，以判决、裁定方式依法改判、撤销或者变更；

（三）原判决认定基本事实不清的，裁定撤销原判决，发回原审人民法院重审，或者查清事实后改判；

（四）原判决遗漏当事人或者违法缺席判决等严重违反法定程序的，裁定撤销原判决，发回原审人民法院重审。

原审人民法院对发回重审的案件作出判决后，当事人提起上诉的，第二审人民法院不得再次发回重审。

二、二审中达成调解协议

法院依据调解协议制作调解书，调解书送达后，原审法院的判决即视为撤销。

> ⊘注意：视为撤销，是自动撤销的意思，完全不需要在调解书中写明"本调解书生效，一审判决视为撤销"。

三、二审中达成和解协议

当事人可以依和解协议申请法院制作调解书或申请撤诉。

22
上诉人撤回上诉

当事人之间恶意串通损害国家利益、社会公共利益、他人合法权益，或一审判决确有错误的，不准撤回上诉。

一、在二审程序中撤回上诉

若只有一方上诉，则上诉人在二审程序中（尚未作出二审裁判时）撤回上诉后，一审判决生效。

二、在上诉期内撤回上诉

若上诉期内，一方当事人上诉后又撤回上诉，则该当事人丧失了上诉权，即使上诉期未届满，也不可以再上诉。

此时，一审判决效力待定：

若对方当事人在上诉期内提出上诉，则一审判决不生效。	若对方当事人在上诉期内没有上诉，则一审判决生效。

23
原审原告在二审中撤回起诉

原审原告要在二审中撤回起诉，不得损害国家利益、社会公共利益、他人合法权益，同时需经其他当事人同意。

原审原告在二审中撤回起诉，法院准许的，应当一并裁定撤销一审裁判；原审原告在二审程序中撤回起诉后重复起诉的，法院不予受理。

迷你案例

案情：唐某因与某污水公司产生财产损害赔偿纠纷，诉至某县法院。该污水公司一审败诉后，上诉至中级法院。中级法院于 2012 年 10 月以事实不清、证据不足为由，将本案发回一审法院重审。一审法院判决后，该污水公司再次上诉至中级法院。在二审法院审理过程中，被告该污水公司撤回上诉，原告唐某撤回起诉。现唐某又就同一损害赔偿问题起诉。一审法院判决驳回原告唐某的诉讼请求，并判决案件受理费 9260 元由原告唐某承担。唐某不服，提出上诉。

问题：对于唐某的上诉，二审法院应当如何处理？

[分析思路] 本案在二审法院审理过程中，作为上诉人的该污水公司自愿撤回上诉，被上诉人唐某自愿撤回起诉，此时，中级法院应裁定准予撤回起诉（而非准予撤回上诉），并同时裁定撤销一审判决。《民诉解释》第 336 条第 2 款规定，原审原告在第二审程序中撤回起诉后重复起诉的，人民法院不予受理。现原审原告唐某又以相同的事实理由，就相同的诉讼标的、实体请求权提起诉讼，一审法院应当不予受理。但本案中，唐某再次提起诉讼后，本案经一审法院审理，已作出实体判决。因此，一审法院受理案件并作出实体判决的做法是错误的。对于唐某的上诉，二审法院应裁定撤销一审判决，驳回起诉。

考点 23

答案：对于唐某的上诉，二审法院应裁定撤销一审判决，驳回起诉。因为根据《民诉解释》第 336 条第 2 款的规定，原审原告唐某在二审程序中撤回起诉后重复起诉的，法院应当不予受理。但本案中，一审法院错误受理本案，所以二审法院应撤销原判，驳回起诉。

[法条链接]《民诉解释》

第 328 条　人民法院依照第二审程序审理案件，认为依法不应由人民法院受理的，可以由第二审人民法院直接裁定撤销原裁判，驳回起诉。

第 336 条　在第二审程序中，原审原告申请撤回起诉，经其他当事人同意，且不损害国家利益、社会公共利益、他人合法权益的，人民法院可以准许。准许撤诉的，应当一并裁定撤销一审裁判。

原审原告在第二审程序中撤回起诉后重复起诉的，人民法院不予受理。

第六讲

◀◀◀ 回顾与应用 ▶▶▶

总结梳理

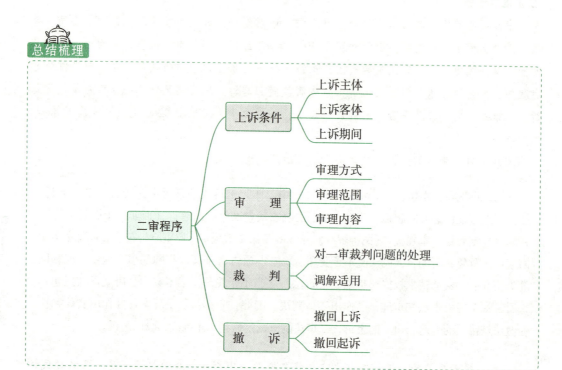

二审程序
- 上诉条件
  - 上诉主体
  - 上诉客体
  - 上诉期间
- 审理
  - 审理方式
  - 审理范围
  - 审理内容
- 裁判
  - 对一审裁判问题的处理
  - 调解适用
- 撤诉
  - 撤回上诉
  - 撤回起诉

 小综案例 ▶▶▶

[案情] 2015 年 4 月，蒋某在某某小学上学，与同学玩耍时，被同班同学张某用腿绊倒后摔在水泥地上，造成右肱骨远端骨折。蒋某此前在 A 保险公司购买了平安养老险学生保险。因此，蒋某将某某小学和 A 保险公司诉至法院。在法院审理过程中，被告某某小学申请追加张某为本案被告。为维护原告蒋某的合法权益，蒋某的法定代理人请求判令：①被告某某小学、A 保险公司、张某连带赔偿医疗费、护理费、住院伙食补助费、交通费、营养费、残疾赔偿金、鉴定费、住宿费、残疾辅助器具费、精神抚慰金等，合计 295 000 元（后追加诉讼请求为 360 000 元）；②本案的诉讼费用由被告某某小学、A 保险公司、张某共同承担。

一审法院判决被告某某小学、A 保险公司、张某连带赔偿原告蒋某的具体损失为：医疗费 46 897.88 元、护理费 10 935 元（121.5 元/天 × 90 天）、住院伙食补助费 8400 元（100 元/天 × 84 天）、交通费 2520 元（30 元/天 × 84 天）、营养费 1800 元（30 元/天 × 60 天）、残疾赔偿金 93 760 元（11 720 元/年 × 20 年 × 40%）、鉴定费 1800 元、残疾辅助器具费 700 元，合计 166 812.88 元。根据原告蒋某的伤残程度，其精神抚慰金酌定为 30 000 元，共计 196 812.88 元。因原告蒋某在被告 A 保险公司购买了平安养老险学生保险，故 A 保险公司应赔偿蒋某 56 797.88 元。

问题：

1. 某某小学和 A 保险公司是否属于普通共同诉讼的共同被告？

2. 如何评价一审法院的判决？

[分析思路] 《民诉解释》第 324 条规定，对当事人在第一审程序中已经提出的诉讼请求，原审人民法院未作审理、判决的，第二审人民法院可以根据当事人自愿的原则进行调解；调解不成的，发回重审。一审时，蒋某起诉要求某某小学、A 保险公司、张某赔偿住宿费，但一审法院对此未作判决。因此，二审时，法院可以组织双方当事人进行调解；调解不成的，依照《民事诉讼法》第 177 条第 1 款第 4 项、《民诉解释》第 324 条的规定，裁定撤销原判，发回重审。

答案

1. 某某小学和 A 保险公司不属于普通共同诉讼的共同被告。普通共同诉讼，是指一方或双方当事人为 2 人以上，且双方当事人之间有多个同一种类诉讼标的的共同诉讼。但在本案中，原告和某某小学之间的诉讼标的为侵权法律关系，而原告和 A 保险公司之间的诉讼标的是保险合同法律关系，二者的诉讼标的并不是同一种类。因此，本案不是普通共同诉讼，某某小学和 A 保险公司自然不属于普通共同诉讼的共同被告。

2. 本案一审法院的判决存在着漏判，严重违反法定程序。一审时，蒋某起诉要求某某小学、A 保险公司、张某连带赔偿住宿费，但一审法院对此未作判决。因此，二审时，法院可以组织双方当事人进行调解；调解不成的，裁定撤销原判，发回重审。

河流懂得一个道理：无须匆忙，该到的地方终有一天会到达。

致奋进中的你

第7讲

LECTURE

07

再 审 程 序

刘鹏飞 主观题

24

裁判、调解书有错误，当事人可以申请再审

　　判决、裁定的再审事由包括十三项：①有新的证据，足以推翻原判决、裁定的；②原判决、裁定认定的基本事实缺乏证据证明的；③原判决、裁定认定事实的主要证据是伪造的；④原判决、裁定认定事实的主要证据未经质证的；⑤对审理案件需要的主要证据，当事人因客观原因不能自行收集，书面申请法院调查收集，法院未调查收集的；⑥原判决、裁定适用法律确有错误的；⑦审判组织的组成不合法或者依法应当回避的审判人员没有回避的；⑧无诉讼行为能力人未经法定代理人代为诉讼或者应当参加诉讼的当事人，因不能归责于本人或者其诉讼代理人的事由，未参加诉讼的；⑨违反法律规定，剥夺当事人辩论权利的；⑩未经传票传唤，缺席判决的；⑪原判决、裁定遗漏或者超出诉讼请求的，但当事人未对超判、漏判事项上诉的除外；⑫据以作出原判决、裁定的法律文书被撤销或者变更的；⑬审判人员审理该案件时有贪污受贿，徇私舞弊，枉法裁判行为的。

　　调解书的再审事由为违反自愿、合法原则。

　　当事人申请再审，原则上应在裁判、调解书生效后 6 个月内向法院提出；裁判文书存在《民事诉讼法》第 211 条第 1、3、12、13 项规定情形的，自知道或者应当知道

之日起 6 个月内提出。（上述 6 个月均为绝对不变期间[1]）

　　🄸 注意：以下案件不可申请再审：

　　1. 申请过再审的案件（包括支持和驳回的）。

　　2. 申请过检察建议、抗诉过的案件。

　　3. 离婚案件中解除婚姻关系的裁判、调解书（其中，已经处理过的财产部分可以申请再审）。

　　4. 特别程序、非讼程序的裁判。

迷你案例

　　案情：2015 年 4 月 17 日，二审法院对王某与爱家公司租赁合同纠纷一案作出终审判决后，原告王某认为：一审法院以公告的方式送达开庭传票、判决书，严重违反了法定程序。依据《民事诉讼法》的有关规定，只有穷尽一切方式仍无法联系到受送达人时，才可以用公告的方式通知开庭和送达判决书。被告爱家公司的电话号码就是原告王某提交的起诉状中提供的联系方式，且该号码一直在正常使用。因此，一审法院是掌握着爱家公司的联系方式的。但是，一审法院从未通过此真实有效的联系方式联系爱家公司，仅用公告的方式通知其开庭并送达判决书，显然不符合公告送达的法定要求和条件。该判决严重违反法定程序，应被撤销。王某遂于 2017 年 12 月 21 日向法院申请再审。

　　问题：法院应当如何处理？

　　[分析思路] 根据《民事诉讼法》第 216 条的规定，当事人申请再审，应当在判决、裁定发生法律效力后 6 个月内提出；有本法第 211 条第 1、3、12、13 项规定情形的，自知道或者应当知道之日起 6 个月内提出。经审查，本案的生效民事判决书于 2015 年 4 月 17 日发生法律效力，王某于 2017 年 12 月 21 日依据《民事诉讼法》第 211 条第 9、10 项之规定向法院申请再审，其再审申请已超过了《民事诉讼法》第 216 条规定的再审申请期限，法院应依法驳回王某的再审申请。

　　答案：法院应依法驳回王某的再审申请。因王某在判决生效 2 年多以后才以判决严重违反法定程序为由向法院申请再审，已经超过了申请再审的期限，所以法院应驳回王某的再审申请。

　　[法条链接]

《民事诉讼法》

　　第 211 条　当事人的申请符合下列情形之一的，人民法院应当再审：

　　（一）有新的证据，足以推翻原判决、裁定的；

　　（二）原判决、裁定认定的基本事实缺乏证据证明的；

---

　　[1]　绝对不变期间，即绝对不能中止、中断，也不能延长的期间。

（三）原判决、裁定认定事实的主要证据是伪造的；

（四）原判决、裁定认定事实的主要证据未经质证的；

（五）对审理案件需要的主要证据，当事人因客观原因不能自行收集，书面申请人民法院调查收集，人民法院未调查收集的；

（六）原判决、裁定适用法律确有错误的；

（七）审判组织的组成不合法或者依法应当回避的审判人员没有回避的；

（八）无诉讼行为能力人未经法定代理人代为诉讼或者应当参加诉讼的当事人，因不能归责于本人或者其诉讼代理人的事由，未参加诉讼的；

（九）违反法律规定，剥夺当事人辩论权利的；

（十）未经传票传唤，缺席判决的；

（十一）原判决、裁定遗漏或者超出诉讼请求的；

（十二）据以作出原判决、裁定的法律文书被撤销或者变更的；

（十三）审判人员审理该案件时有贪污受贿，徇私舞弊，枉法裁判行为的。

第215条 人民法院应当自收到再审申请书之日起3个月内审查，符合本法规定的，裁定再审；不符合本法规定的，裁定驳回申请。有特殊情况需要延长的，由本院院长批准。

因当事人申请裁定再审的案件由中级人民法院以上的人民法院审理，但当事人依照本法第210条的规定选择向基层人民法院申请再审的除外。最高人民法院、高级人民法院裁定再审的案件，由本院再审或者交其他人民法院再审，也可以交原审人民法院再审。

第216条 当事人申请再审，应当在判决、裁定发生法律效力后6个月内提出；有本法第211条第1项、第3项、第12项、第13项规定情形的，自知道或者应当知道之日起6个月内提出。

《民诉解释》第393条 当事人主张的再审事由成立，且符合民事诉讼法和本解释规定的申请再审条件的，人民法院应当裁定再审。

当事人主张的再审事由不成立，或者当事人申请再审超过法定申请再审期限、超出法定再审事由范围等不符合民事诉讼法和本解释规定的申请再审条件的，人民法院应当裁定驳回再审申请。

25

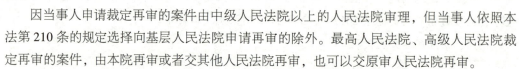

向谁申请再审

当事人一方人数众多或者当事人双方为公民的案件，既可以向上一级法院申请再审，也可以向原审法院申请再审。若一方当事人向原审法院申请再审，另一方当事人向上一级法院申请再审，且不能协商一致，则由原审法院优先审理。若不满足当事人一方人数众多或者当事人双方为公民的条件，则只能向上一级法院申请再审。小额诉讼案件只能向原审法院申请再审。

一、向上一级法院申请的程序

向上一级法院申请，是指当事人向原审（终审）法院[1]的上一级法院申请再审。

1. 审理的法院

上一级法院可以提审（上一级法院将案件提级，由自己审理再审案件），也可以指令再审（指令原审法院审理再审案件）或指定再审（指定给与原审法院同级的其他法院审理再审案件）。

🚫注意：但要遵循一个规则：指令、指定再审不能指回基层法院。（这个规则是我根据法条推导的，绝对正确）

2. 审理的程序

指令、指定再审时，审理再审案件的法院适用原审程序审理，另行组成合议庭[2]；提审时，审理再审案件的法院一律适用二审程序审理。

二、向原审法院申请的程序

向原审法院申请，是指当事人向原审（终审）法院申请再审。

01　审理的法院　　▶　向谁申请，由谁审理[3]

02　审理的程序　　▶　审理再审案件的法院适用原审程序审理，另行组成合议庭

考点 25

> **考点点拨**
>
> 虽然再审是按照一审或二审程序审理，但其毕竟属于再审程序，不同于一审和二审。具体来讲，一审和二审都有可能适用独任制，但是再审绝对不可能适用独任制；一审和二审中都有可能处理新的诉讼请求，但当事人在再审中提出的新的诉讼请求，法院不予审理。

迷你案例

案情：某县农村信用合作联社与彭某等 7 人借款合同纠纷一案中，该县农村信用合作

---

〔1〕　哪个法院作出的生效裁判，哪个法院就是原审法院，也叫终审法院。
〔2〕　原来参与过本案一审或者二审审理的审判人员，不得再参与再审案件的审理。
〔3〕　向哪个法院申请再审，就由哪个法院审理，其实就是由原审法院审理。

联社因不服中级法院作出的民事判决书，遂向中级法院申请再审。中级法院裁定驳回该县农村信用合作联社的再审申请。

问题：中级法院的处理方法是否正确？

[分析思路]《民事诉讼法》第210条规定，当事人对已经发生法律效力的判决、裁定，认为有错误的，可以向上一级人民法院申请再审；当事人一方人数众多或者当事人双方为公民的案件，也可以向原审人民法院申请再审。当事人申请再审的，不停止判决、裁定的执行。另外，根据《民诉解释》第75条的规定，《民事诉讼法》第56条、第57条和第206条（现为第210条）规定的人数众多，一般指10人以上。显然，该县农村信用合作联社向原审法院即中级法院申请再审，不符合上述法律及司法解释的规定，本案不属于中级法院受理再审案件的管辖范围。因此，中级法院裁定驳回该县农村信用合作联社的再审申请，符合法律规定。

答案：中级法院的做法是正确的。本案的双方当事人中存在法人，且任何一方当事人都不符合"人数众多"的要求，因此，该县农村信用合作联社只能向中级法院的上一级法院申请再审，而不能向中级法院申请再审。故中级法院驳回其再审申请符合法律规定。

[法条链接]

《民事诉讼法》

第210条　当事人对已经发生法律效力的判决、裁定，认为有错误的，可以向上一级人民法院申请再审；当事人一方人数众多或者当事人双方为公民的案件，也可以向原审人民法院申请再审。当事人申请再审的，不停止判决、裁定的执行。

第215条　人民法院应当自收到再审申请书之日起3个月内审查，符合本法规定的，裁定再审；不符合本法规定的，裁定驳回申请。有特殊情况需要延长的，由本院院长批准。

因当事人申请裁定再审的案件由中级人民法院以上的人民法院审理，但当事人依照本法第210条的规定选择向基层人民法院申请再审的除外。最高人民法院、高级人民法院裁定再审的案件，由本院再审或者交其他人民法院再审，也可以交原审人民法院再审。

《民诉解释》

第75条　民事诉讼法第56条、第57条和第206条（现为第210条）规定的人数众多，一般指10人以上。

第393条　当事人主张的再审事由成立，且符合民事诉讼法和本解释规定的申请再审条件的，人民法院应当裁定再审。

当事人主张的再审事由不成立，或者当事人申请再审超过法定申请再审期限、超出法定再审事由范围等不符合民事诉讼法和本解释规定的申请再审条件的，人民法院应当裁定驳回再审申请。

26

向法院申请再审得不到救济怎么办

当事人符合以下三种情形之一的，可以在法院作出驳回再审申请裁定或者再审判决、裁定发生法律效力之日起 2 年内，<u>向检察院申请检察建议或抗诉</u>，检察院应在 3 个月内作出决定：

三种情形

1　法院逾期未对再审申请作出裁定的

2　法院驳回再审申请的

3　再审判决、裁定有明显错误的

🄾 **注意**：这里有一个向检察院申请检察建议或抗诉的时间限制——2 年[1]，而且一个当事人对一个案件只能向检察院申请 1 次。

27

检察院接到当事人申请后怎么办

检察院发现法院的生效裁判符合法定事由（和当事人申请再审的十三项事由一样）的，为纠正错误裁判，<u>可以提请上级检察院向同级法院提出抗诉，也可以直接向同级法院提出检察建议</u>，并报上级检察院备案。上级检察院提出抗诉后，<u>接受抗诉的法院应当在接到抗诉书之日起 30 日内裁定再审</u>。裁定再审应以提审为原则，只有符合《民事诉讼法》第 211 条第 1~5 项规定的情形（事实和证据问题）的，才能指令或指定下一级法院再审，但下一级法院再审过的除外。检察院对错误裁判提出检察建议后，是否再审，由法院裁定。

检察院提出抗诉的案件，接受抗诉的法院将案件交下一级法院再审，下一级法院审理后作出的再审裁判仍有明显错误的，原提出抗诉的检察院可以依职权再次提出抗诉。

---

〔1〕　这 2 年也是绝对不变期间。

考点 27

❶ **注意**：若再审裁判没有明显错误，只是发现审判程序和执行程序中审判人员、执行人员、书记员和法官助理存在违法行为，则检察院只能提出检察建议，不能抗诉。

迷你案例

案情：仲湖公司与得莉公司买卖合同纠纷一案，A市某区法院于1999年12月18日作出民事调解书，该调解书已经发生法律效力。2015年9月15日，A市检察院作出民事抗诉书，以该案属虚假诉讼，调解书损害国家利益、社会公共利益为由，向A市中级法院提出抗诉。A市中级法院经审查作出民事裁定书，终结该案的审查。后A市所在省检察院作出民事抗诉书，以A市中级法院终结审查民事裁定书适用法律错误为由，向A市所在省的高级法院提出抗诉。

问题：如何评价A市所在省检察院作出的民事抗诉书？

> [分析思路]《民诉解释》第412条规定："人民检察院对已经发生法律效力的判决以及不予受理、驳回起诉的裁定依法提出抗诉的，人民法院应予受理，但适用特别程序、督促程序、公示催告程序、破产程序以及解除婚姻关系的判决、裁定等不适用审判监督程序的判决、裁定除外。"A市中级法院作出的民事裁定书系A市中级法院针对A市检察院提出的抗诉进行审查后，根据案件实际情况作出的终结审查民事裁定书。该裁定不属于可以依照《民事诉讼法》及相关司法解释规定进行再审的裁定范围，A市所在省的检察院针对该裁定提出抗诉，于法无据。

答案：A市所在省的检察院作出的民事抗诉书不符合法律规定。检察院抗诉的目的是启动再审程序，纠正错误裁判、调解书，而可以通过再审程序纠正的裁定书中不包括终结审查民事裁定书。因此，A市所在省的检察院无权对其提出抗诉。

[法条链接]
《民事诉讼法》第157条 裁定适用于下列范围：

（一）不予受理；

（二）对管辖权有异议的；

（三）驳回起诉；

（四）保全和先予执行；

（五）准许或者不准许撤诉；

（六）中止或者终结诉讼；

（七）补正判决书中的笔误；

（八）中止或者终结执行；

（九）撤销或者不予执行仲裁裁决；

（十）不予执行公证机关赋予强制执行效力的债权文书；

（十一）其他需要裁定解决的事项。

对前款第 1 项至第 3 项裁定，可以上诉。

裁定书应当写明裁定结果和作出该裁定的理由。裁定书由审判人员、书记员署名，加盖人民法院印章。口头裁定的，记入笔录。

《民诉解释》

第 412 条　人民检察院对已经发生法律效力的判决以及不予受理、驳回起诉的裁定依法提出抗诉的，人民法院应予受理，但适用特别程序、督促程序、公示催告程序、破产程序以及解除婚姻关系的判决、裁定等不适用审判监督程序的判决、裁定除外。

第 415 条　人民检察院依当事人的申请对生效判决、裁定提出抗诉，符合下列条件的，人民法院应当在 30 日内裁定再审：

（一）抗诉书和原审当事人申请书及相关证据材料已经提交；

（二）抗诉对象为依照民事诉讼法和本解释规定可以进行再审的判决、裁定；

（三）抗诉书列明该判决、裁定有民事诉讼法第 215 条（现为第 219 条）第 1 款规定情形；

（四）符合民事诉讼法第 216 条（现为第 220 条）第 1 款第 1 项、第 2 项规定情形。

不符合前款规定的，人民法院可以建议人民检察院予以补正或者撤回；不予补正或者撤回的，人民法院可以裁定不予受理。

28

再审的审理方式

法院裁定再审的同时应裁定<u>中止执行</u>，但对四费一金[1]、劳动报酬等的执行可以不中止。

01	02
再审应按照一审程序或二审程序另行组成合议庭[2]，<u>不得适用独任制</u>。	原则上应开庭审理，但按照二审程序审理，有特殊情况或者双方当事人已经通过其他方式充分表达意见，且书面同意不开庭审理的，可以不开庭审理。

---

〔1〕"四费一金"指的是赡养费、扶养费、抚养费、医疗费用、抚恤金。

〔2〕再审案件按照一审程序审理或者按照二审程序审理，所以，合议庭也应按照一审程序或者二审程序组成。按照一审程序组成合议庭的，合议庭中可以吸收陪审员；按照二审程序组成合议庭的，合议庭中<u>不得吸收陪审员</u>。

29

再审的审理范围

再审应当围绕申请人提出的再审请求进行。再审请求，是指当事人在向法院提交的再审申请中提出的请求。

考点点拨 ————————————— 一审的诉讼请求和再审请求 —

一审的诉讼请求的目的是解决纠纷，如"判决该房产归原告所有"；而再审请求的目的是纠正法院在一审或者二审中犯的错误，如原审法院认定事实错误，故"请求再审法院依法改判"。因此，当事人没有提出的再审请求，法院原则上不审理。这是尊重当事人的处分权。当事人没有要求纠正的原审法院的错误，再审法院原则上不会主动纠正。

刘鹏飞 主观题

但是，再审中的不告不理原则有两点限制：

01 当事人没提再审请求，再审法院也要管的

法院经再审，发现已经发生法律效力的判决、裁定损害国家利益、社会公共利益、他人合法权益的，应当一并审理。即便当事人没有要求再审法院纠正这些错误，再审法院为了维护国家利益、社会公共利益、他人合法权益，也会主动纠正。

02 当事人提了再审请求，再审法院也不管的

当事人的再审请求超出原审诉讼请求的，不予审理。这是因为，再审只审查原裁判的正确性，纠正原来一审法院或者二审法院犯的错误。若某项诉讼请求在原来的一审和二审中都没有提出，在再审中才第一次提出，要求再审法院裁判解决，则再审法院是不处理的，因为原审法院根本没有审理过这个诉讼请求，也就谈不上纠正原审法院错误的问题。

[法条链接]《民诉解释》第403条 人民法院审理再审案件应当围绕再审请求进行。当事人的再审请求超出原审诉讼请求的，不予审理；符合另案诉讼条件的，告知当事人可以另行起诉。

被申请人及原审其他当事人在庭审辩论结束前提出的再审请求，符合民事诉讼法第212条（现为第216条）规定的，人民法院应当一并审理。

人民法院经再审，发现已经发生法律效力的判决、裁定损害国家利益、社会公共利益、他人合法权益的，应当一并审理。

第七讲

▶▶▶　　回顾与应用　　◀◀◀

总结梳理

[案情] 海王公司向 B 市 A 区法院起诉，请求判令化建公司立即支付海王公司工程款 1 348 910 元。化建公司提起反诉，以海王公司在施工过程中借用其施工工具，部分未能归还为由，请求海王公司赔偿其施工工具损失费 41 180 元。

B 市 A 区法院审判委员会经讨论，作出一审判决：①化建公司支付海王公司工程劳务费 177 793.54 元，限本判决生效后 15 日内付清；②驳回海王公司的其他诉讼请求；③驳回化建公司的反诉请求。

后 B 市检察院以事实认定错误为由对该判决第 1、2 项提出抗诉，B 市 D 区法院作出再审判决：①撤销 B 市 A 区法院作出的第 1 项民事判决；②维持 B 市 A 区法院作出的第 2 项民事判决。

海王公司不服再审判决，又上诉至 B 市中级法院，请求撤销 B 市 D 区法院作出的再审判决，支持海王公司的全部诉讼请求，并判决化建公司承担逾期付款的违约金利息、差旅费及诉讼费。

问题：

1. B 市中级法院对海王公司提出的判决化建公司承担逾期付款的违约金利息、差旅费及诉讼费的上诉请求应如何处理？

2. B 市 D 区法院对化建公司在一审中提出的请求海王公司赔偿施工工具损失费的请求应如何处理？

3. B 市检察院应向何法院提出抗诉？

4. 为何可以由 B 市 D 区法院作出再审判决？

[分析思路] 关于 B 市中级法院是否应当支持海王公司主张的逾期付款的违约金利息、差旅费、诉讼费损失的问题，《民诉解释》第 403 条第 1 款规定，人民法院审理再审案件应当围绕再审请求进行。当事人的再审请求超出原审诉讼请求的，不予审理；……若海王公司在再审程序中主张化建公司承担逾期付款的违约金利息、差旅费、诉讼费，则因其再审请求超出原审诉讼请求，再审法院应当不予审理。但本案中，再审程序是通过检察院抗诉启动的，在按照一审程序进行再审的时候，海王公司并没有提出新的诉讼请求，而是在对再审判决上诉后才提出了新的上诉请求。对再审判决上诉的目的是纠正错误的再审判决，而非解决新的纠纷。所以，对此上诉请求，B 市中级法院亦应当不予审理。另外，由于本案还同时存在化建公司提起的反诉，而 B 市检察院仅针对本诉部分提出了抗诉，化建公司在该判决作出后未提出上诉，且其在 B 市 D 区法院再审时亦未提出再审请求，因此，一审判决的反诉部分依法应予维持。

答案

1. B 市中级法院对海王公司提出的判决化建公司承担逾期付款的违约金利息、差旅费及诉讼费的上诉请求应当不予审理，因为该部分请求超出了原审诉讼请求的范围。（需要注意的是，在再审中不得提出超出原审请求范围的新请求，在对再审判决的上诉程序中，依然不得提出超出原审请求范围的新请求。这是因为，对再审判决的上诉程序仍然是为了纠正原判决的错误，而非解决新的纠纷。这一点很多同学可能以前没有注意到。）

2. B 市 D 区法院对化建公司在一审中提出的请求海王公司赔偿施工工具损失费的请求应不予审理。B 市检察院仅针对本诉部分提出了抗诉，且化建公司在该判决作出后未提出上诉，故而一审判决中的反诉部分不属于再审审理范围。

3. B 市检察院应向 B 市中级法院提出抗诉。因为本案的生效判决系 B 市 A 区法院作出的，所以，应由 B 市 A 区检察院提请 B 市检察院向作出生效裁判的 B 市 A 区法院的上级法院——B 市中级法院提出抗诉。

4. 本案中，B 市检察院抗诉的事由为 B 市 A 区法院认定事实错误，根据《民事诉讼法》第 222 条的规定，检察院提出抗诉的案件，接受抗诉的法院应当自收到抗诉书之日起 30 日内作出再审的裁定；有本法第 211 条第 1~5 项规定情形之一的，可以交下一级法院再审，但经该下一级法院再审的除外。故本案可以由接受抗诉的 B 市中级法院提审，也可以指令或指定下一级法院如 B 市 D 区法院再审。

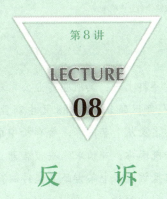

第 8 讲

LECTURE

08

反　诉

30

反诉的成立条件

反诉和本诉是两个<u>独立的诉</u>，可以合并审理，也可以分别审理。本诉、反诉中任何一个诉消灭，另一个不受影响。在主观题考试中，一般出题的角度是判断本诉和反诉能不能合并审理。此时同学们应当从下列三个角度进行判断：

首先，观察诉讼的主体。反诉只能由本诉的被告对本诉的原告提起，本诉的被告提起反诉的范围不能超出本诉的原告提起本诉的范围。超过主体范围的，不能合并审理。

其次，观察两个诉的管辖权。反诉应当向审理本诉的法院提起，本诉法院对反诉也应有管辖权。只要不违反专属管辖、协议管辖，审理本诉的法院就可以基于<u>牵连关系</u>取得对反诉的管辖权。这种取得管辖权的方式称为牵连管辖。审理本诉的法院因牵连关系取得管辖权之后，就对反诉有了管辖的资格。

❶注意：如果反诉属于专属管辖、协议管辖，则本诉法院无法取得管辖权，反诉只能另行起诉。

最后，要想将本诉与反诉合并审理，两诉必须具有牵连关系。在考试中，只要看到本、反诉属于<u>同一法律关系</u>，本、反诉基于<u>同一原因事实</u>或者本、反诉的诉讼请求之间具有<u>因果关系</u>，就可以认定二者具有牵连关系。

迷你案例

案情：卜某因即将退休，遂不再上班，其所在药业公司亦未向卜某支付工资。这期间，卜某应缴的社会保险费用的个人负担部分7299.88元由药业公司为其垫付。卜某退休后，李某受药业公司指派，以卜某的名义从卜某的养老金存折中取走7300元以冲抵卜某个人的社会保险费用。卜某遂向一审法院起诉，并请求判决被告药业公司返还人民币7300元。被告药业公司对此提出反诉，请求反诉被告卜某偿还其垫付的社会保险费用7299.88元。

原告卜某认为，被告药业公司的反诉请求与其主张的诉讼请求是两个法律关系，药业公司主张的是不当得利纠纷，而其主张的是劳动争议中的社会保险纠纷。反诉与本诉的诉讼请求不是基于同一法律关系，法院应当分别审理，而不应在同一案件中调整。被告药业公司的反诉请求违反了法定程序。

问题：如何评价卜某的观点？

[分析思路] 本案争议的焦点问题是药业公司提起的反诉是否符合反诉条件。本案中，因卜某请求药业公司返还擅自从其养老金存折中取走的7300元，引起药业公司请求卜某返还为其垫付的7299.88元社会保险费用，两个诉讼请求之间具有因果关系。并且，本案中的反诉是为了抵销、吞并本诉的诉讼请求，免去不必要的重复清偿活动。根据《民诉解释》第233条第2款的规定，药业公司提起的反诉符合反诉条件，应与本诉合并审理。

但要考虑到，要想将本诉与反诉合并审理，审理本诉的法院必须对反诉也有管辖权。若认为本案药业公司要求偿还其垫付的社会保险费用的请求，属于《劳动争议调解仲裁法》的调整范围，其未经仲裁就直接提起诉讼违反了法律规定，则审理本诉的法院对于此劳动争议就没有管辖权，不能把两个诉合并审理。但在本案中，卜某对社会保险费用的个人应缴费部分的数额，以及药业公司按此数额为其垫付社会保险费用的事实没有提出异议，因此，双方当事人之间不存在劳动争议。药业公司因替卜某垫付了社会保险费用而主张追偿权，该行为与劳动合同本身无关，不是劳动合同调整的范围，由此产生的争议不应认定为劳动争议。故卜某的观点不能成立，法院可以将药业公司提出的诉讼请求作为反诉与本诉合并审理。

刘鹏飞主观题

答案：卜某的观点不能成立。本案中，反诉是针对本诉的原告卜某提出的，且二者之间因具有因果关系而存在牵连关系。被告药业公司提出的反诉虽然与劳动关系有关，但并不是基于劳动合同本身产生的纠纷，因此不属于劳动争议仲裁主管范围，法院可以将两诉合并审理。

[法条链接]《民诉解释》第233条 反诉的当事人应当限于本诉的当事人的范围。

反诉与本诉的诉讼请求基于相同法律关系、诉讼请求之间具有因果关系，或者反诉与本诉的诉讼请求基于相同事实的，人民法院应当合并审理。

反诉应由其他人民法院专属管辖，或者与本诉的诉讼标的及诉讼请求所依据的事实、理由无关联的，裁定不予受理，告知另行起诉。

31

在各种程序中提出反诉（增变请求）的处理

事实上，如果当事人不是提出反诉，而是增加或者变更诉讼请求，则也按照下列规则处理：

1. 当事人在一审程序法庭辩论终结前提出反诉的，合并审理。

2. 当事人在二审程序中提出反诉的，可以调解；调解不成的，告知另行起诉。双方当事人同意由二审法院一并审理的，二审法院可以一并裁判。

3. 当事人在再审程序中提出反诉的，不属于审理范围；符合另案起诉条件的，告知另行起诉。

注意： 如果另诉会构成重复起诉，则不能告知当事人另诉。（即使告知当事人另诉，法院也会因为另诉构成重复起诉而不受理）

第八讲

回顾与应用

总结梳理

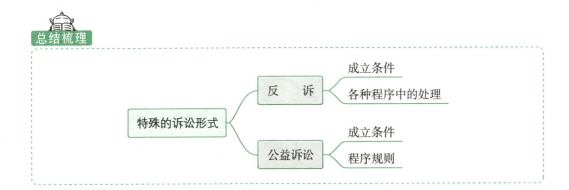

小综案例

[案情] 甲公司与乙公司签订代购合同。后乙公司办事不力，甲公司以此为由向法院

起诉，请求解除代购合同。一审法院判决乙公司败诉，乙公司不服，提起上诉。甲公司在二审中变更了诉讼请求，请求确认代购合同无效，并请求乙公司赔偿。

在诉讼过程中，乙公司因其代购行为涉嫌诈骗，被公安机关立案侦查。

问题：

1. 甲公司在二审中能否变更诉讼请求？为什么？对于甲公司在二审中变更诉讼请求的行为，二审法院应如何处理？

2. 甲公司与乙公司之间的诉讼应如何进行？

[**分析思路**] 本案中，原告甲公司实质上是在二审中提出了新的独立的诉讼请求。甲公司在一审中的诉讼请求是解除代购合同关系。被告乙公司败诉之后提起上诉，此时，原告甲公司在二审中要求确认代购合同无效，其实是在解除代购合同的诉讼请求之外，提出了另一个确认代购合同无效的诉讼请求。这属于原审原告增加独立的诉讼请求的情形。《民诉解释》第326条第1款规定，在第二审程序中，原审原告增加独立的诉讼请求或者原审被告提出反诉的，第二审人民法院可以根据当事人自愿的原则就新增加的诉讼请求或者反诉进行调解；调解不成的，告知当事人另行起诉。但是，本案要注意，调解不成的，不能告知当事人另行起诉，因为会构成重复起诉。

答案

1. 甲公司在二审中可以变更诉讼请求。根据《民诉解释》的相关规定，二审中，原审原告增加独立的诉讼请求或者原审被告提出反诉的，变更诉讼请求相当于放弃了部分旧请求，提出了新请求，是允许的。但是，对于甲公司在二审中变更诉讼请求的行为，二审法院可以进行调解；调解不成的，应不予审理，法院不得告知甲公司另诉。

2. 法院应先中止合同纠纷的诉讼，等待刑事案件的审理结果。因为刑事案件的审理结果很可能是民事案件的审判依据，故应先把民事案件的诉讼中止。

自律就是在"你最想要的"和"你现在想要的"之间作出选择。

致奋进中的你

第9讲

LECTURE

09

执 行 程 序

32

执行开始

执行程序的开始，包括两种方式：申请执行和移送执行。

一、申请执行

申请执行的前提是，债权人取得生效执行依据后，债务人拒绝履行执行依据确定的义务。债权人应当在 2 年的执行期间内向有管辖权的法院提出执行申请。

1. 法院作出的文书，由一审法院或与一审法院同级的被执行财产所在地法院负责执行。

2. 其他机构作出的法律文书，由被执行人住所地法院或被执行财产所在地法院负责执行。

3. 支付令、确认调解协议案和实现担保物权案的裁定，由作出支付令、裁定的法院或与其同级的被执行财产所在地法院负责执行。

迷你案例

案情：A 市甲公司与 B 市乙公司因买卖合同纠纷，申请 C 市仲裁委员会仲裁。C 市仲裁委员会作出仲裁裁决，裁决乙公司履行债务，但乙公司以没有可供执行的财产为由，拒绝履行。后甲公司得知，乙公司在 D 市有大量存款，遂向法院提出执行申请。

问题：本案的执行管辖法院为哪个（些）？

[分析思路] 要先判断法院的执行依据，然后依据规定结合案情得到结论。

答案：本案有管辖权的法院为 B 市中级法院和 D 市中级法院，即被执行人住所地法院和被执行财产所在地法院。因本案执行的是仲裁裁决，所以应由中级法院管辖。

二、移送执行

由法院的审判庭主动移送（移交）到法院的执行局，不需要当事人申请。

可以移送执行的法律文书仅有以下四种：

具有给付赡养费、扶养费、抚养费内容的法律文书 ①

环境民事公益诉讼的判决、裁定书 ②

民事制裁决定书 ③

刑事附带民事判决、裁定、调解书 ④

执行员接到申请执行书或者移交执行书后，应当向被执行人发出执行通知，并可以立即采取强制执行措施。法院受理执行申请后，未发现可供执行的财产的，可以裁定终结本次执行；发现可供执行的财产后，执行申请人再次申请执行，不受 2 年申请执行时效的限制。

❶注意：一般情况下，都应先发执行通知，后执行，不发执行通知就执行是违法的。

33

执行和解

执行中不允许调解，双方当事人可以自愿达成书面和解协议，并将双方认可的执行和解协议提交给法院。若达成口头和解协议，则必须将和解协议的内容记入执行笔录。既然不允许调解，那么当然不允许申请法院依据和解协议制作调解书。

一、执行和解的效力

1. 合同效力

执行和解协议只具备"合同效力"，没有强制执行力。因此，当事人达成以物抵债执行和解协议的，法院不得依据该协议作出以物抵债裁定。

> **考点点拨**
>
> 执行中的和解协议具备合同效力，而诉讼中的和解协议不具备合同效力。这二者的区别千万要记清楚。

2. 中止或终结程序

债权人可请求法院中止执行程序，并可申请解除执行措施。中止执行后，债务人要求履行的，可以向有关机构申请提存。债权人也可以撤回执行申请，终结执行程序。

二、执行和解后的程序规则

1. 拒绝履行

暂缓执行期间届满，债务人拒绝履行：对方当事人可以申请恢复对原生效法律文书的执行，已履行完毕的部分应扣除；也可以依据执行和解协议向执行法院提起诉讼，要求对方当事人履行执行和解协议或者承担违约责任。

2. 履行完毕

执行和解协议已经履行完毕的，法院应作执行结案处理，不得恢复原执行依据的执行。债务人迟延履行、瑕疵履行，给债权人造成损害的，债权人可以向执行法院另行起诉。

> 注意：只要执行和解协议履行完毕，不管履行得怎么样，都认为执行程序已经结束。

3. 执行和解协议无效或可撤销

当事人认为执行和解协议无效或可撤销的，可以向执行法院起诉确认该协议的效力。执行和解协议被确认无效或撤销后，债权人可以申请恢复执行原生效法律文书。

迷你案例

案情：陈某将海洋公司诉至 A 区法院，A 区法院判令海洋公司于本判决生效之日起 10 日内返还陈某海参圈损失 2 562 600 元。判决生效后，海洋公司在规定期限内拒绝履行。陈某申请执行。执行过程中，陈某与海洋公司达成执行和解协议。双方签订执行和解协议后，海洋公司按照执行和解协议约定的数额全部履行完毕，陈某表示已经收到全部款项，签署了《撤销强制执行申请书》。

现陈某提出，虽然执行和解协议已经全部履行完毕，但该执行和解协议是由海洋公司起草的，其对迟延履行期间债务利息的计算存在错误。其后，A 区法院执行员以双方当事人计算的逾期利息有误为由，作出通知书，通知海洋公司支付尚未给付的逾期利息。海洋公司向 A 区法院提出异议。

考点 33

问题：

1. A区法院应如何处理海洋公司的异议？

2. 陈某对异议处理结果不服的，可以如何救济？

[分析思路]《最高人民法院关于执行和解若干问题的规定》第8条规定："执行和解协议履行完毕的，人民法院作执行结案处理。"本案中，双方当事人对执行和解协议已履行完毕并无异议，且在该执行和解协议全部履行完毕后，申请执行人陈某还签署了《撤销强制执行申请书》，故本案应当作执行结案处理。A区法院在海洋公司已经按照执行和解协议内容履行完义务后，又向其发出通知书，要求其履行原判决书，缺乏事实和法律依据，应予纠正。

《最高人民法院关于执行和解若干问题的规定》第16条第1款规定："当事人、利害关系人认为执行和解协议无效或者应予撤销的，可以向执行法院提起诉讼。执行和解协议被确认无效或者撤销后，申请执行人可以据此申请恢复执行。"若陈某主张因案涉执行和解协议存在显失公平、重大误解的情形而请求变更该协议，则陈某应当对其所主张的事由提供充分的证据，并请求撤销，而非变更案涉执行和解协议，且该撤销请求应当通过向A区法院另行诉讼的途径予以处理。

答案：

1. A区法院应裁定海洋公司的异议成立，纠正法院的违法行为。本案中，执行和解协议已经履行完毕，A区法院应作执行结案处理，而非恢复执行。

2. 陈某对异议处理结果不服的，可以向作出异议裁定的法院（A区法院）的上一级法院申请复议。

[法条链接]

《民法典》

第147条 基于重大误解实施的民事法律行为，行为人有权请求人民法院或者仲裁机构予以撤销。

第151条 一方利用对方处于危困状态、缺乏判断能力等情形，致使民事法律行为成立时显失公平的，受损害方有权请求人民法院或者仲裁机构予以撤销。

《最高人民法院关于执行和解若干问题的规定》

第8条 执行和解协议履行完毕的，人民法院作执行结案处理。

第16条 当事人、利害关系人认为执行和解协议无效或者应予撤销的，可以向执行法院提起诉讼。执行和解协议被确认无效或者撤销后，申请执行人可以据此申请恢复执行。

被执行人以执行和解协议无效或者应予撤销为由提起诉讼的，不影响申请执行人申请恢复执行。

34

执行担保

一、执行担保的条件和期间

1. 执行担保的条件

（1）执行担保可以由被执行人提供财产担保，也可以由他人提供财产担保或者保证。担保手续按照民法的相关规定办理。

（2）被执行人或者他人提供执行担保，申请执行人同意的，应当出具书面同意担保成立、暂缓执行的意见，也可以由执行人员将其同意的内容记入笔录，并由申请执行人签名或者盖章。

（3）由法院作出暂缓执行的裁定。

2. 执行担保的期间

一旦执行担保成立，就涉及暂缓执行的期间和担保期间的确定问题。确定的方法是：暂缓执行的期间应当与当事人在担保书中的约定一致，但最长不得超过 1 年。担保期间自暂缓执行期限届满之日起计算。担保书中没有记载担保期间或者记载不明的，担保期间为 1 年。

🄝注意：担保期间和暂缓执行的期间并非一定等长，但都可以由当事人约定。

二、执行担保的法律效果

1. 法院作出暂缓执行裁定

在暂缓执行期内，原则上应暂缓全部执行措施的实施，但存在例外：

（1）担保书内容与事实不符，且对申请执行人合法权益产生实质影响的，法院可以依申请执行人的申请恢复执行；

（2）暂缓执行期间担保人有转移、隐藏、变卖、毁损担保财产等行为的，法院可以依申请执行人的申请恢复执行，并直接裁定执行担保财产或者保证人的财产，不得将担保人变更、追加为被执行人。

2. 暂缓执行期限届满后，进入担保期

被执行人仍不履行义务的，法院可以依申请执行人的申请恢复执行，并直接裁定执行担保财产或者保证人的财产，不得将担保人变更、追加为被执行人。

3. 担保期间届满后

申请执行人申请执行担保财产或者保证人财产的，法院不予支持。他人提供财产

考点 34

担保的，法院可以依其申请解除对担保财产的查封、扣押、冻结。

🅘 **注意**：执行担保中，担保人只在担保期间内承担担保责任。担保人可以被法院执行，但是不可以被列为被执行人。（能拿他的钱，不能把他列为当事人）

[法条链接]《最高人民法院关于执行担保若干问题的规定》

第2条 执行担保可以由被执行人提供财产担保，也可以由他人提供财产担保或者保证。

第6条 被执行人或者他人提供执行担保，申请执行人同意的，应当向人民法院出具书面同意意见，也可以由执行人员将其同意的内容记入笔录，并由申请执行人签名或者盖章。

第8条 人民法院决定暂缓执行的，可以暂缓全部执行措施的实施，但担保书另有约定的除外。

第9条 担保书内容与事实不符，且对申请执行人合法权益产生实质影响的，人民法院可以依申请执行人的申请恢复执行。

第10条 暂缓执行的期限应当与担保书约定一致，但最长不得超过1年。

第11条第1款 暂缓执行期限届满后被执行人仍不履行义务，或者暂缓执行期间担保人有转移、隐藏、变卖、毁损担保财产等行为的，人民法院可以依申请执行人的申请恢复执行，并直接裁定执行担保财产或者保证人的财产，不得将担保人变更、追加为被执行人。

第12条 担保期间自暂缓执行期限届满之日起计算。

担保书中没有记载担保期间或者记载不明的，担保期间为1年。

第13条 担保期间届满后，申请执行人申请执行担保财产或者保证人财产的，人民法院不予支持。他人提供财产担保的，人民法院可以依其申请解除对担保财产的查封、扣押、冻结。

刘鹏飞主观题

35

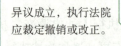

对执行行为违法的救济

若当事人、利害关系人认为执行行为违法（不管执行标的是否正确），则可以向负责执行的法院提出书面异议。

异议成立	异议不成立
异议成立，执行法院应裁定撤销或改正。	异议不成立，执行法院应裁定驳回。异议人对驳回异议的裁定不服的，可以自裁定送达之日起10日内向上一级法院申请复议。

36

案外人认为裁判有错误，且自己利益受损时的救济方法

案外人（所有类型的案外人）认为执行标的错误，在执行中提出书面异议的，法院应当自收到书面异议之日起 15 日内进行实质审查。异议被驳回后，案外人可以自裁定送达之日起 6 个月内向原审法院申请再审。

考点点拨

案外人和案外第三人这两个概念的联系和区别是什么？

只要是没有参加诉讼，且和本案有法律上的利害关系，受到本案生效裁判影响的人，一般都可以认定为案外人。如果这个主体应作为第三人参加诉讼而未参加，则应被认定为案外第三人。也就是说，案外第三人是案外人的一种，案外第三人一定是案外人，但案外人却未必都是案外第三人。

因此，如果属于案外第三人，则其救济路径包括：

1. 案外第三人认为执行标的错误，在执行中提出书面异议的，法院应当自收到书面异议之日起 15 日内进行实质审查。异议被驳回后，案外第三人可以自裁定送达之日起 6 个月内向原审法院申请再审。（这种救济方法是所有案外人都可以适用的，案外第三人也可以适用）

2. 案外第三人也可以针对错误的裁判提起第三人撤销之诉。在第三人撤销之诉中，案外第三人可以提供担保，要求法院中止执行。法院未裁定中止执行的，案外第三人可以再提出案外人异议。

第三人撤销之诉中的第三人，仅局限于《民事诉讼法》第 59 条第 1、2 款规定的有独立请求权及无独立请求权的第三人，而且一般不包括债权人。但是，设立第三人撤销之诉的目的在于，救济第三人享有的因不能归责于本人的事由未参加诉讼，但因生效裁判文书内容错误受到损害的民事权益。因此，债权人在下列情况下可以提起第三人撤销之诉：

（1）该债权是法律明确给予特殊保护的债权，如《民法典》第 807 条规定的建设工程价款优先受偿权、《海商法》第 22 条第 1 款规定的船舶优先权；

（2）因债务人与他人的权利义务被生效裁判文书确定，导致债权人本来可以对《民

考点 **36**

法典》第538~540条[1]和《企业破产法》第31条[2]规定的债务人的行为享有撤销权而不能行使的；

（3）债权人有证据证明，裁判文书主文确定的债权内容部分或者全部虚假的。

债权人提起第三人撤销之诉还要符合法律和司法解释规定的其他条件。对于除此之外的其他债权，债权人原则上不得提起第三人撤销之诉。

🅘 注意：

1. 以上两种救济方式只能任选其中一种。

2. 特殊情况的处理：若对同一生效裁判，当事人申请再审，案外第三人提起第三人撤销之诉，则只按照再审程序审理该裁判，但在再审程序中追加案外第三人参加诉讼。

迷你案例

案情：福邦公司诉中地公司建设工程施工合同纠纷一案，经A区法院作出民事判决后，双方当事人均未上诉。建筑材料供应商王某认为，本案诉讼的产生是由于中地公司的材料供应商纷纷要求中地公司给付材料款，福邦公司为保障自身权益，先一步通过诉讼方式将中地公司账上的资金转化为自己的工程款。然而，A区法院在本案审理过程中并未依法通知王某作为第三人参加诉讼，因此，王某以无独三身份向A区法院提起第三人撤销之诉。

A区法院于2017年2月7日立案受理。第三人撤销之诉审理期间，经法院院长提交审判委员会讨论，认为审理福邦公司诉中地公司建设工程施工合同纠纷一案的A区法院所作判决确有错误，应予再审。A区法院作出裁定：本案由本院另行组成合议庭再审，再审期间，中止原判决的执行。

问题：A区法院的做法是否正确？

[分析思路] 本案中涉及两个焦点问题：

第一，根据《民事诉讼法》第59条的规定，请求A区法院撤销生效判决的主体应为本案的第三人。原判当事人福邦公司与中地公司之间争议的诉讼标的是建设工程施工合同法律关系，同王某与中地公司之间的建筑材料买卖合同法律关系不属于同一法律关系，因此，王某对A区法院判决的案件的诉讼标的没有独立请求权。王某在本案中的法律地位仅为中地公司的债权人。作为债务人的一般债权人，除享有实体法上的代位权、撤销权之外，仅具

---

[1] 《民法典》第538条规定，债务人以放弃其债权、放弃债权担保、无偿转让财产等方式无偿处分财产权益，或者恶意延长其到期债权的履行期限，影响债权人的债权实现的，债权人可以请求人民法院撤销债务人的行为。

《民法典》第539条规定，债务人以明显不合理的低价转让财产、以明显不合理的高价受让他人财产或者为他人的债务提供担保，影响债权人的债权实现，债务人的相对人知道或者应当知道该情形的，债权人可以请求人民法院撤销债务人的行为。

《民法典》第540条规定，撤销权的行使范围以债权人的债权为限。债权人行使撤销权的必要费用，由债务人负担。

[2] 《企业破产法》第31条规定，人民法院受理破产申请前1年内，涉及债务人财产的下列行为，管理人有权请求人民法院予以撤销：①无偿转让财产的；②以明显不合理的价格进行交易的；③对没有财产担保的债务提供财产担保的；④对未到期的债务提前清偿的；⑤放弃债权的。

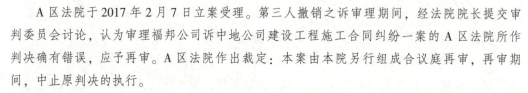

有以债务人的责任财产受偿的法律地位，而不得干预债务人的交易活动，以保证债务人的意思自治。对于债务人与他人之间的诉讼，一般债权人因不具有"法律上的利害关系"而没有参加权。按照我讲过的内容，一般不允许将债权请求权作为有独三参加诉讼的独立请求权，但在特殊情况下，普通债权人也可以作为有独三参加诉讼。这些特殊情形在前面的理论部分我已经概括过。显然，本案中，王某并非上述有独三。虽然本案的处理结果会使债务人中地公司的责任财产减少，但王某与本案仅存在事实上的利害关系，而不存在法律上的利害关系，且王某并未受到原判决约束，故王某不构成适格的第三人，其仅能作为一般债权人受偿，无权以第三人身份对该案提起撤销之诉。

第二，《民诉解释》第 299 条规定，第三人撤销之诉案件审理期间，人民法院对生效判决、裁定、调解书裁定再审的，受理第三人撤销之诉的人民法院应当裁定将第三人的诉讼请求并入再审程序。……对上述司法解释所称"第三人"含义的理解，应限缩在法律所规定的"有独立请求权的第三人及无独立请求权的第三人"的范围之内。虽然在本案一审判决作出之后，A 区法院已依职权对原生效判决裁定再审，但是，因本案再审程序审理的客体，即当事人的诉讼请求，依然围于福邦公司与中地公司之间既有的建设工程施工合同法律关系，而不会扩展并涉及王某与中地公司之间的建筑材料买卖合同法律关系争议，故王某仍无法以无独三的身份加入到案件再审程序之中。

综上所述，A 区法院对第三人撤销之诉的审理与对原判的裁定再审不存在法律程序冲突的障碍，因此，法院应裁定驳回王某的起诉。至于再审案件，则继续审理。

答案：A 区法院的做法是正确的。本案中，因王某并非适格第三人，无权提起第三人撤销之诉，故法院应继续审理再审案件，对王某提起的第三人撤销之诉裁定驳回起诉。

考点 ③⑥

[法条链接]

《民事诉讼法》

第 59 条　对当事人双方的诉讼标的，第三人认为有独立请求权的，有权提起诉讼。

对当事人双方的诉讼标的，第三人虽然没有独立请求权，但案件处理结果同他有法律上的利害关系的，可以申请参加诉讼，或者由人民法院通知他参加诉讼。人民法院判决承担民事责任的第三人，有当事人的诉讼权利义务。

前两款规定的第三人，因不能归责于本人的事由未参加诉讼，但有证据证明发生法律效力的判决、裁定、调解书的部分或者全部内容错误，损害其民事权益的，可以自知道或者应当知道其民事权益受到损害之日起 6 个月内，向作出该判决、裁定、调解书的人民法院提起诉讼。人民法院经审理，诉讼请求成立的，应当改变或者撤销原判决、裁定、调解书；诉讼请求不成立的，驳回诉讼请求。

第 177 条　第二审人民法院对上诉案件，经过审理，按照下列情形，分别处理：

（一）原判决、裁定认定事实清楚，适用法律正确的，以判决、裁定方式驳回上诉，维持原判决、裁定；

（二）原判决、裁定认定事实错误或者适用法律错误的，以判决、裁定方式依法改判、撤销或者变更；

（三）原判决认定基本事实不清的，裁定撤销原判决，发回原审人民法院重审，或者查清事实后改判；

（四）原判决遗漏当事人或者违法缺席判决等严重违反法定程序的，裁定撤销原判决，发回原审人民法院重审。

原审人民法院对发回重审的案件作出判决后，当事人提起上诉的，第二审人民法院不得再次发回重审。

《民诉解释》第 299 条　第三人撤销之诉案件审理期间，人民法院对生效判决、裁定、调解书裁定再审的，受理第三人撤销之诉的人民法院应当裁定将第三人的诉讼请求并入再审程序。但有证据证明原审当事人之间恶意串通损害第三人合法权益的，人民法院应当先行审理第三人撤销之诉案件，裁定中止再审诉讼。

37

案外人认为裁判无错误，但自己利益受损时的救济方法

刘鹏飞 主观题

案外人认为执行标的错误，在执行中提出书面异议的，法院应当自收到书面异议之日起 15 日内进行实质审查。

一、案外人异议之诉

案外人异议被裁定驳回后，执行没有中止，案外人可以自驳回异议裁定送达之日起 15 日内向执行法院起诉。此时提起的就是案外人异议之诉。

案外人异议之诉应以案外人为原告，以债权人为被告，债务人可以被列为无独三，诉讼请求为请求法院中止执行或者确认案外人的权利。案外人主张对执行标的享有权利的，应对此事实承担举证责任。案外人可以要求中止执行，也可以要求法院在判决中确认其权利。案外人异议之诉审理期间，法院不得对执行标的进行处分，但债权人可以提供担保，请求继续执行。

🄾 注意：若债务人也反对案外人（不承认案外人对执行标的享有权利），则将债权人和债务人列为共同被告。

这里要注意一个非常重要的问题：

案外异议或者案外人异议之诉能否成立，取决于案外人是否享有足以排除执行标的转让、交付的实体权利。而能够排除执行的实体权利包括什么呢？在考试中，其主要

包括所有权、物权期待权、特殊担保物权、用益物权及租赁权。

所有权就不用讲了。

物权期待权的一个典型例子就是《最高人民法院关于人民法院办理执行异议和复议案件若干问题的规定》第28条的规定,买受人(通常指一般购房消费者)对登记在被执行人(通常是开发商)名下的房产提出执行异议,符合条件的,可以排除普通债权的强制执行。《最高人民法院关于人民法院办理执行异议和复议案件若干问题的规定》第29条规定,该等物权期待权被赋予了消费者的居住权的超级优先权,甚至可以排除建设工程优先权和抵押权的强制执行。

[法条链接]《最高人民法院关于人民法院办理执行异议和复议案件若干问题的规定》

第28条 金钱债权执行中,买受人对登记在被执行人名下的不动产提出异议,符合下列情形且其权利能够排除执行的,人民法院应予支持:

(一)在人民法院查封之前已签订合法有效的书面买卖合同;

(二)在人民法院查封之前已合法占有该不动产;

(三)已支付全部价款,或者已按照合同约定支付部分价款且将剩余价款按照人民法院的要求交付执行;

(四)非因买受人自身原因未办理过户登记。

第29条 金钱债权执行中,买受人对登记在被执行的房地产开发企业名下的商品房提出异议,符合下列情形且其权利能够排除执行的,人民法院应予支持:

(一)在人民法院查封之前已签订合法有效的书面买卖合同;

(二)所购商品房系用于居住且买受人名下无其他用于居住的房屋;

(三)已支付的价款超过合同约定总价款的50%。

在一些特殊情形下设立的担保物权,法院的执行行为将严重损害担保物权人的优先受偿,故可以排除执行。例如,如果案涉资金涉及住房公积金资金安全,其保证金远低于担保债权,又因商品房预售的特点,贷款人对贷款购房人房屋的抵押权设立需要时日,则案涉银行账户内资金和案涉执行款项涉及可能排除执行的担保物权。

千万要注意:在通常情况下,一般担保物权人不能排除执行,只能主张对拍卖、变卖价款享有优先受偿权。

此外,用益物权及租赁权也可以成为排除执行的实体权利。

用益物权,是指权利人对他人所有的不动产或者动产依法享有的占有、使用和收益的权利。例如,在案外人排除强制执行的异议之诉中常见的用益物权——居住权,但居住权作为一种新型的用益物权,需要以登记设立为条件,经登记的居住权可以排除执行。

《最高人民法院关于人民法院办理执行异议和复议案件若干问题的规定》第31条第1款规定,承租人请求在租赁期内阻止向受让人移交占有被执行的不动产,在人民

考点 37

法院查封之前已签订合法有效的书面租赁合同并占有使用该不动产的，人民法院应予支持。

二、债权人异议之诉

案外人异议被裁定成立后，执行得以中止，债权人可以自异议成立的裁定送达之日起15日内向执行法院起诉。此时提起的就是债权人异议之诉。若债权人不在法定期间（15日内）提起债权人异议之诉，则法院解除执行措施。

债权人异议之诉应以债权人为原告，以案外人为被告，诉讼请求为请求法院继续执行或者确认债权人的权利。

❶注意：若债务人也反对债权人（不承认债权人对执行标的享有权利），则将案外人和债务人列为共同被告。

迷你案例

案情：王某诉魏某民间借贷纠纷一案胜诉后，在执行程序中，刘某、朱某作为案外人，对案涉房屋主张权利，请求：①确认位于某处的案涉房屋为魏某、李某、刘某、朱某四人共有；②中止执行二人的财产，停止对该案涉房屋的执行。刘某、朱某的异议请求经A市中级法院审查后，以执行裁定书驳回。刘某、朱某遂以被执行人魏某、李某为被告，申请执行人王某为第三人，提起案外人异议之诉，被执行人魏某未明确表示反对。后法院裁定驳回起诉。半年后，刘某、朱某以王某为被告，魏某、李某为第三人，再次向法院起诉，但仍被法院裁定驳回起诉。

问题：如何评价本案中法院两次驳回起诉的做法？

[分析思路] 首先要讨论本案中案外人异议之诉的当事人。《民诉解释》第305条规定，案外人提起执行异议之诉的，以申请执行人为被告。被执行人反对案外人异议的，被执行人为共同被告；被执行人不反对案外人异议的，可以列被执行人为第三人。本案中，原告刘某、朱某以被执行人魏某、李某为被告，申请执行人王某为第三人提起的案外人异议之诉，没有法律依据，被执行人魏某、李某不是本案的适格被告，申请执行人王某不是本案的适格第三人，因此，其所诉主体有误。该案外人异议之诉应以刘某、朱某为原告，王某为被告，魏某为第三人。因李某未主张权利，故不应将其列为当事人。

其次要判断本案中案外人异议之诉的程序条件是否具备。《民诉解释》第303条第1款规定："案外人提起执行异议之诉，除符合民事诉讼法第122条规定外，还应当具备下列条件：……③自执行异议裁定送达之日起15日内提起。"其中，15日是不变期间，不存在中止、中断、延长等情形。刘某、朱某再次起诉的时间为法院驳回案外人异议之诉的半年之后，已超过法定期限，不符合起诉的条件。

答案：法院两次裁定驳回起诉的做法均正确。法院第一次裁定驳回刘某、朱某的起诉是因为起诉的当事人不适格；第二次裁定驳回起诉是因为刘某、朱某提起本次诉讼的时间为驳回案外人异议之诉的半年之后，已超过法定的 15 日期限，不符合提起案外人异议之诉的条件。

[法条链接]《民诉解释》

第 303 条　案外人提起执行异议之诉，除符合民事诉讼法第 122 条规定外，还应当具备下列条件：

（一）案外人的执行异议申请已经被人民法院裁定驳回；

（二）有明确的排除对执行标的执行的诉讼请求，且诉讼请求与原判决、裁定无关；

（三）自执行异议裁定送达之日起 15 日内提起。

人民法院应当在收到起诉状之日起 15 日内决定是否立案。

第 305 条　案外人提起执行异议之诉的，以申请执行人为被告。被执行人反对案外人异议的，被执行人为共同被告；被执行人不反对案外人异议的，可以列被执行人为第三人。

第 306 条　申请执行人提起执行异议之诉的，以案外人为被告。被执行人反对申请执行人主张的，以案外人和被执行人为共同被告；被执行人不反对申请执行人主张的，可以列被执行人为第三人。

第 332 条　原判决、裁定认定事实或者适用法律虽有瑕疵，但裁判结果正确的，第二审人民法院可以在判决、裁定中纠正瑕疵后，依照民事诉讼法第 177 条第 1 款第 1 项规定予以维持。

考点 38

38

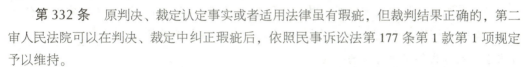

执行财产具体措施

一、执行财产的一般措施

执行财产具体措施包括：①冻结、划拨（冻结存款最长不得超过 1 年）；②扣留、提取；③查封、扣押（查封、扣押动产最长不得超过 2 年，查封不动产、冻结其他财产权最长不得超过 3 年）；④拍卖、变卖（不适于拍卖或者当事人双方同意不进行拍卖的，法院可以委托有关单位变卖或者自行变卖）。

❶注意：查封、扣押、冻结是有范围限制的。

1. 在执行中，被执行人通过仲裁将被查封、扣押、冻结的财产确权或分割给案外人的，不影响执行程序的进行。

2. 对于超过被执行人及其所扶养家属生活所必需的房屋和生活用品，法院根据申请执行人的申请，在保障被执行人及其所扶养家属最低生活标准所必需的居住房屋和普通生活必需品后，可予以执行。

二、对共有财产的查封、扣押、冻结

（一）通知义务

对被执行人与其他人共有的财产，法院可以查封、扣押、冻结，并及时通知共有人。

（二）分割财产

共有人协议分割共有财产，并经债权人认可的，法院可以认定有效。

协议分割后，应只查封、扣押、冻结被执行人享有份额内的财产；对其他共有人享有份额内的财产，法院应解除查封、扣押、冻结措施。

（三）析产诉讼

析产诉讼，是指当事人对共同财产的分割不能达成一致而提起的诉讼。通俗地讲，就是当事人请求法院划分各自所占财产份额比例的诉讼。

若分割财产过程中出现纠纷，共有人可以对债务人提起析产诉讼（共有人告债务人）；若共有人不主张分割财产，则债权人可以代位提起析产诉讼（债权人告债务人，相当于债权人代替了共有人的位置）。

析产诉讼期间中止对该财产的执行。

刘鹏飞 主观题

三、参与分配

执行程序开始后、被执行人的财产被执行完毕前，若有多个自然人或者其他组织作为债权人，且所有债权人均已取得执行依据或者对执行标的享有担保物权或优先权，而被执行人的财产不足以清偿所有债权，则应由执行法院制作分配方案，各债权人按分配方案中确定的比例受偿。

若债权人或被执行人对执行法院制作的方案有异议，应当自收到分配方案之日起15日内向执行法院提出书面异议；若其他债权人或被执行人反对书面异议，则异议人可以自收到通知之日起15日内起诉提出反对意见的债权人、被执行人（若其他债权人或被执行人不反对异议，则执行法院依异议人的意见对分配方案审查、修正后进行分配）。

四、追加被执行人

执行案件错综复杂，在被执行人无财产可供执行的情况下，有效申请变更、追加被执行人有利于提高执行效果。追加被执行人，是指法院在执行程序中因出现法定原因，将与被执行人有义务关联的案外人依法追加为被执行人的一种法律制度。执行过程中追加被执行人，既涉及程序法问题，又涉及实体法问题，但实质上是实体法问题。依据相关法律规定，执行过程中追加被执行人的，需要有明确的法律规定，并且符合法定的追加条件。在主观题考试中，同学们需要掌握的规则有：

1. 作为被执行人的法人分支机构，不能清偿生效法律文书确定的债务，申请执行人申请变更、追加该法人为被执行人的，法院应予支持。法人直接管理的责任财产仍不能清偿债务的，法院可以直接执行该法人其他分支机构的财产。作为被执行人的法人，直接管理的责任财产不能清偿生效法律文书确定的债务的，法院可以直接执行该法人分支机构的财产。

2. 作为被执行人的公司，财产不足以清偿生效法律文书确定的债务，其股东未依法履行出资义务即转让股权，申请执行人申请变更、追加该原股东或依公司法规定对该出资承担连带责任的发起人为被执行人，要求其在未依法出资的范围内承担责任的，法院应予支持。

3. 作为被执行人的一人有限责任公司，财产不足以清偿生效法律文书确定的债务，股东不能证明公司财产独立于自己的财产，申请执行人申请变更、追加该股东为被执行人，对公司债务承担连带责任的，法院应予支持。

考点点拨

对一人有限责任公司和普通公司在此问题上的处理方法不同。只有一人有限责任公司能直接追加股东；普通公司涉及法人人格否认的，则需要先向法院起诉，法院确认公司和股东承担连带责任的，才能在执行中执行该股东的财产。

迷你案例

案情：某家具厂向一审法院提起诉讼，以无因管理为由，要求被告合伙企业偿还其垫付的工人工资及利息。一审法院作出民事判决，支持了该家具厂的上述主张。在另一起案件中，法院判决被告合伙企业支付原告某油墨厂货款及利息。一审法院制作的合伙企业的执行分配表显示，合伙企业的可分配执行总款不足以清偿全部债务，该家具厂的债权被一审法院作出优先分配，该油墨厂等其他债权人的债权作为一般债权分配。该油墨厂提出书面异议，认为该家具厂垫付的工人工资不应享有优先分配权。该家具厂对该油墨厂的执行异议持反对意见。

问题：该油墨厂应如何进一步主张权利？

[分析思路] 该油墨厂对执行分配方案提出书面异议，实质上是对法院确定的受偿方案

存在异议，向法院提出了参与分配方案异议。但该家具厂对该油墨厂的参与分配方案异议持反对意见，因此，该油墨厂可以以该家具厂为被告，自收到异议通知之日起 15 日内向法院提起参与分配方案异议之诉。

答案：该油墨厂可以以该家具厂为被告，自收到异议通知之日起 15 日内向法院提起参与分配方案异议之诉。

五、查封、扣押、冻结的程序注意点 （此内容非常重要）

1. 查封、扣押动产的，人民法院可以直接控制该项财产。

查封不动产的，人民法院应当张贴封条或者公告，并可以提取保存有关财产权证照。查封、扣押、冻结已登记的不动产、特定动产及其他财产权，应当通知有关登记机关办理登记手续。未办理登记手续的，不得对抗其他已经办理了登记手续的查封、扣押、冻结行为。

> 满足查封公告（包括贴封条）+提存证照＝查封成立。
> 未登记不影响查封成立，但不具备对抗登记了的其他执行行为和善意第三人的效力。

2. 查封、扣押、冻结采穿透主义，不受权利外观的限制。

对于第三人占有的动产或者登记在第三人名下的不动产、特定动产及其他财产权，第三人书面确认该财产属于被执行人的，人民法院可以查封、扣押、冻结。（《最高人民法院关于人民法院民事执行中查封、扣押、冻结财产的规定》第 2 条第 3 款）

穿透主义：穿透权利外观，不管权利登记在谁名下，只看权利实际是谁的。

3. 要查封、扣押、冻结，应先发通知后执行。

采取查封、扣押、冻结措施需要有关单位或者个人协助的，人民法院应当制作协助执行通知书，连同裁定书副本一并送达协助执行人。查封、扣押、冻结裁定书和协助执行通知书送达时发生法律效力。

⓵注意：对协助执行人（包括物业、银行等主体）也要发协助执行通知书；但情况紧急的，也可以先采取执行措施，3 日内补发协助执行通知书。

[法条链接]《最高人民法院关于适用〈中华人民共和国民事诉讼法〉执行程序若干问题的解释》第 22 条 执行员依照民事诉讼法第 240 条（现为第 251 条）规定立即采取强制执行措施的，可以同时或者自采取强制执行措施之日起 3 日内发送执行通知书。

4. 对于超过被执行人及其所扶养家属生活所必需的房屋和生活用品，人民法院根据申请执行人的申请，在保障被执行人及其所扶养家属最低生活标准所必需的居住房屋和普通生活必需品后，可予以执行。

如果被执行人名下只有一套住房，怎么算保障其最低生活标准呢？

有以下三个标准：

（1）对被执行人有扶养义务的人名下有其他能够维持生活必需的居住房屋的；

（2）执行依据生效后，被执行人为逃避债务转让其名下其他房屋的；

（3）申请执行人按照当地廉租住房保障面积标准为被执行人及所扶养家属提供居住房屋，或者同意参照当地房屋租赁市场平均租金标准从该房屋的变价款中扣除5~8年租金的。

第九讲

回顾与应用

总结梳理

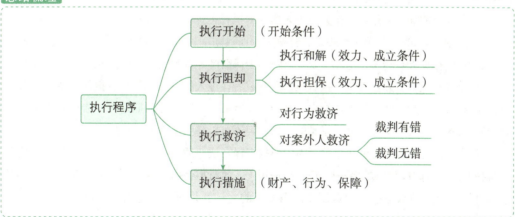

考点 38

小综案例 ▶▶▶

[案情] A 区法院查明案件事实后，就原告史某与被告李某民间借贷纠纷一案作出民事判决书，判决被告李某于判决书生效后 10 日内付清欠原告史某的借款 80 000 元。该民事判决书于 2018 年 4 月发生法律效力。

该案进入执行程序后，法院依法向被执行人李某送达了执行通知书。李某未按执行通知书的要求履行生效判决书确定的义务。2018 年 9 月，张某签署保证书，载明：

史某申请执行李某一案，张某愿为李某担保还款义务。2018 年 10 月 4 日前，李某先支付所欠借款，逾期不付的，张某愿负连带保证责任。至 2019 年 6 月，史某未收到任何款项，遂申请追加张某为被执行人。

A 区法院认为，本案中，被申请人张某出具书面担保书，承诺其自愿为李某承担关于史某与李某民间借贷纠纷一案的债务的连带保证责任，因此，申请执行人史某申请追加张某为被执行人的，法院应予支持。

张某向法院申请复议，称其对于主债务的保证期间已过，不应再对史某申请执行李某一案承担连带保证责任。

问题：

1. A 区法院是否应追加张某为被执行人？
2. 张某的说法是否成立？

[分析思路] 在本案中，有两个焦点问题：

首先，是否应追加保证人张某为被执行人。如果在执行过程中发生了法定的实体权利义务变动，如被执行人死亡，产生财产继承的问题，可以更换被执行人；但若是经债权人同意发生的债务承担，则应纳入执行和解的范畴。由于执行和解协议不具有强制执行力，因此，承担债务的人无法作为被执行人。但是在本案中，张某并非和债权人达成了债务承担的合意。按照案情的描述，张某是作为保证人提供了执行担保。《最高人民法院关于执行担保若干问题的规定》第 11 条第 1 款规定，暂缓执行期限届满后被执行人仍不履行义务，或者暂缓执行期间担保人有转移、隐藏、变卖、毁损担保财产等行为的，人民法院可以依申请执行人的申请恢复执行，并直接裁定执行担保财产或者保证人的财产，不得将担保人变更、追加为被执行人。由此可知，若被执行人李某拒绝履行债务，则在担保期之内，债权人史某可以申请执行被执行人李某或担保人张某的财产，但不可以将张某追加为被执行人。

其次，执行担保与民事法律关系中的债权担保在法律适用、法律关系、成立要件以及设立目的等方面都有着本质的区别。在法律适用上，执行担保由民事诉讼法来调整，优先适用民事程序法。法律设立执行担保制度的重要目的之一就是保证法院的执行程序得以顺利进行，且其在性质上具有法定性和强制性，在担保的范围、期限和效力上也具有一定的法定性和强制性。执行担保本质上是担保人向法院提供的、法律强行要求的担保。执行担保与民事法律关系中的债权担保的意思自治原则有着本质的区别。执行担保成立的法定条件之一是法院许可。法院一旦许可，执行担保成立，该担保的主体就是法院和担保人，二者并不是具有平等关系的主体，执行担保被赋予法律强制力。因此，执行担保的成立要件与期限不同于普通担保，执行担保优先适用民事程序法。《民法典》等实体法对担保期间的规定并不适用于执行担保。《最高人民法院关于执行担保若干问题的规定》第 12 条规定，担保期间自暂缓执行期限届满之日起计算。担保书中没有记载担保期间或者记载不明的，担保期间为 1 年。在本案中，执行担保虽然成立，但当事人没有明确约定担保期间，按照上述司法解释第 2 款的规定，应当推定担保期间为 1 年。在史某向法院申请执行张某财产的时候，担保期间并没有届满。所以，复议申请人张某的复议理由不能成立，不应予以支持。

答　案

1. A 区法院不应追加张某为被执行人。在担保期之内，债权人史某可以申请执行被执行人李某或担保人张某的财产，但不可以将张某追加为被执行人。

2. 张某的说法不成立。在本案中，执行担保虽然成立，但当事人没有明确约定担保期间，按照相关司法解释的规定，应当推定担保期间为 1 年。在史某向法院申请执行张某财产的时候，担保期间并没有届满。

你经历的东西是在引导你，而非定义你。

致奋进中的你

第10讲
LECTURE
10

仲 裁 程 序

刘鹏飞 主观题

39

存在有效的仲裁协议才能仲裁

协议仲裁原则，是指双方当事人（申请人和被申请人）必须达成有效的仲裁协议才能向仲裁机构申请仲裁。

有效的仲裁协议必须采用书面形式（以数据电文形式达成的仲裁协议也属于具备书面形式），口头形式的仲裁协议无效。

```
                               ● 请求仲裁的意思表示
           仲裁协议
           的内容        ● 仲裁事项
                               ● 选定的仲裁委
```

协议仲裁的事项必须属于法定的、可以协议仲裁解决的纠纷范围：平等主体之间的合同纠纷和其他财产权益纠纷。不可以协议仲裁解决的纠纷包括：人身纠纷、行政纠纷、劳动纠纷、农村土地承包经营纠纷[1]。

ⓘ 注意：一般而言，在主观题考试中，约定的仲裁事项超出法律规定的仲裁范围的，仲裁协议绝对无效。

---

〔1〕 农村土地承包经营纠纷应由《农村土地承包经营纠纷调解仲裁法》中规定的农村土地承包仲裁委员会按照农村土地承包仲裁程序解决。

40

有效的仲裁协议有哪些特性

有效的仲裁协议应同时具备明确性、独立性和继受性三大特性。

一、仲裁协议的明确性

仲裁协议的明确性包含两层含义：

首先，当事人必须明确选择仲裁委作为其解决纠纷的机构，也就是选择仲裁程序作为其解决纠纷的方式。若当事人约定，将来发生纠纷时，既可以申请仲裁，也可以向某法院起诉（这属于协议管辖），则相当于没有明确选择仲裁委作为解决纠纷的唯一机构，这将导致仲裁协议无效。但是，协议管辖符合法定条件的，可以有效。这就是或裁或审原则的要求。

或裁或审原则，是指当事人只能选择申请仲裁委仲裁或者选择向法院起诉，两种纠纷解决方式只能选择其一。

其次，仲裁协议的明确性要求，在当事人选择了仲裁作为唯一的纠纷解决方式的情况下，仲裁协议中对选定的仲裁委和具体的仲裁事项（当事人提交仲裁委裁决的具体争议事项），也必须作出明确约定。仲裁协议对仲裁事项和仲裁委没有约定或约定不明确的，仲裁协议无效，但并非当然、绝对无效，当事人就相关事项可以达成补充协议。

考点 40

> 注意：当事人约定又审又裁的，仲裁协议无效。但约定向某法院起诉的协议管辖是否有效，要看是否符合协议管辖的条件；如果不符合，则协议管辖也可能无效。

二、仲裁协议的独立性

主合同未生效、无效、解除、终止、被撤销的，不影响仲裁协议或者仲裁条款的效力。

三、仲裁协议的继受性

在发生继承、转让等情况时，原则上，仲裁协议对于继承人、受让人有效。

41

仲裁协议有效或者无效有什么样的法律效果

1. 若仲裁协议有效，则根据或裁或审原则，法院对本案没有管辖权，当事人向法院起诉的，法院不应受理。法院错误受理，而当事人认为法院不应受理的，应在法院首次开庭前提交仲裁协议，否则法院可以继续审理。

2. 若仲裁协议无效，则根据协议仲裁原则，仲裁委对本案没有管辖权，当事人申请仲裁的，仲裁委不应受理。当事人可以起诉，也可以重新达成仲裁协议申请仲裁。仲裁委错误受理，而当事人认为仲裁委不应受理的，应在仲裁庭首次开庭前主张仲裁协议无效，否则仲裁庭可以继续仲裁。

> **考点点拨**
>
> 就仲裁协议提出的异议和就管辖权提出的异议的不同：
> ⊙ 就仲裁协议提出的异议，是当事人对法院没有主管权的异议（不该由法院管），应该在首次开庭前提出；
> ⊙ 而就管辖权提出的异议，是当事人认为只是不该由这个法院管，应该在答辩期内提出。

刘鹏飞 主观题

42

谁来确认仲裁协议有效还是无效

对仲裁协议效力有争议的，当事人既可以向约定的仲裁委申请确认，也可以向法院申请确认。

确认仲裁协议是否有效，实际上解决的是仲裁委有没有管辖权的问题。仲裁协议有效，仲裁委就有管辖权；仲裁协议无效，仲裁委就没有管辖权。

向法院申请确认的，应向约定的仲裁机构所在地、仲裁协议签订地、双方当事人（申请人和被申请人）住所地的中级法院或者专门法院（海事法院、知识产权法院）申请。

❶ 注意：确认仲裁协议的效力，实质上是对仲裁协议的效力提出异议（主张仲裁协议

无效)。因此,向仲裁委申请确认仲裁协议的效力的,要在仲裁庭首次开庭前提出。若在仲裁庭首次开庭前没有提出确认申请(没有对仲裁协议的效力提出异议),则视为仲裁委已经取得了管辖权,此时再向法院申请确认的,法院不予受理(已经没有确认的必要)。

申请确认的顺位安排:当事人同时向法院和仲裁委申请确认的,<u>法院的确认权优先</u>,且法院要组成合议庭审理;申请仲裁机构确认后再向法院申请确认的,法院不予受理。

迷你案例

案情:甲市东方公司与乙市北晨公司签订一份运输合同,并约定如发生争议,则提交甲市的丙仲裁委仲裁,或者由合同签订地丁市中级法院管辖。后因东方公司未按约支付运费,北晨公司向丙仲裁委申请仲裁。在仲裁庭第一次开庭时,东方公司未出庭参加仲裁审理,而是在开庭审理后的第二天向甲市中级法院申请确认仲裁协议无效。

问题:本案在程序上应如何进行?

[分析思路] 若当事人对仲裁协议的效力存在异议,则应在仲裁庭首次开庭前提出。本案中,因东方公司没有在仲裁庭首次开庭前对仲裁协议的效力提出异议,故仲裁庭应当继续审理。

答案:东方公司没有在仲裁庭首次开庭前对仲裁协议的效力提出异议,故仲裁庭应当继续审理。

考点
42

[法条链接]

《仲裁法》

第 20 条　当事人对仲裁协议的效力有异议的,可以请求仲裁委员会作出决定或者请求人民法院作出裁定。一方请求仲裁委员会作出决定,另一方请求人民法院作出裁定的,由人民法院裁定。

当事人对仲裁协议的效力有异议,应当在仲裁庭首次开庭前提出。

第 26 条　当事人达成仲裁协议,一方向人民法院起诉未声明有仲裁协议,人民法院受理后,另一方在首次开庭前提交仲裁协议的,人民法院应当驳回起诉,但仲裁协议无效的除外;另一方在首次开庭前未对人民法院受理该案提出异议的,视为放弃仲裁协议,人民法院应当继续审理。

《最高人民法院关于适用〈中华人民共和国仲裁法〉若干问题的解释》

第 13 条　依照仲裁法第 20 条第 2 款的规定,当事人在仲裁庭首次开庭前没有对仲裁协议的效力提出异议,而后向人民法院申请确认仲裁协议无效的,人民法院不予受理。

仲裁机构对仲裁协议的效力作出决定后,当事人向人民法院申请确认仲裁协议效力或者申请撤销仲裁机构的决定的,人民法院不予受理。

第 14 条　仲裁法第 26 条规定的"首次开庭"是指答辩期满后人民法院组织的第一次开庭审理,不包括审前程序中的各项活动。

43

仲裁的程序规则

一、仲裁组织

仲裁的审理组织包括两种：仲裁庭仲裁和独任仲裁。

1. 仲裁庭仲裁

（1）当事人约定由 3 名仲裁员组成仲裁庭的，应当各自选定或者各自委托仲裁委主任指定 1 名仲裁员；

（2）首席仲裁员由当事人共同选定或者共同委托仲裁委主任指定。

2. 独任仲裁

当事人约定由 1 名仲裁员成立仲裁庭的，应当由当事人共同选定或者共同委托仲裁委主任指定仲裁员。

3. 对仲裁组织的选择，有约定的，从约定；无约定的，由仲裁委主任指定。

🈯注意：仲裁组织也好，仲裁员也罢，都应当由当事人先选定；当事人不愿意选择或者不会选择的时候，才由仲裁委主任指定。如果最开始就由仲裁委主任指定，则违反了程序要求。

二、仲裁进行

仲裁程序应当不公开进行，当事人协议公开的，除涉及国家秘密的案件外，可以公开进行。仲裁程序应当开庭进行，当事人协议不开庭的，可以不开庭进行。

裁决结果的评议实行少数服从多数的原则；不能形成多数意见时，则按照首席仲裁员的意见作出裁决。少数仲裁员的不同意见可以记入笔录。

裁决书由仲裁员签名，加盖仲裁委印章。对裁决持不同意见的仲裁员，可以签名，也可以不签名。

裁决书自作出之日起发生法律效力，当事人不得就原纠纷再申请仲裁或者起诉。具有给付内容的裁决书具有强制执行力。

达成调解协议的，仲裁庭可以依据调解协议制作调解书，也可以依据调解协议的结果制作裁决书；达成和解协议的，可以请求仲裁庭依据和解协议制作裁决书，也可以撤回仲裁申请。

🈯注意：仲裁中不允许以调解协议的形式结案，必须要制作调解书或者裁决书结案。

刘鹏飞 主观题

三、证据保全和财产保全

仲裁中的保全应由当事人向仲裁机构提出书面申请，仲裁机构向法院提交当事人的保全申请，由法院采取保全措施。

证据保全
- 国内仲裁的证据保全，应提交证据所在地基层法院
- 涉外仲裁的证据保全，应提交证据所在地中级法院

&

财产保全
- 国内仲裁的财产保全，由财产所在地和被申请人住所地的基层法院管辖
- 涉外仲裁的财产保全，由财产所在地和被申请人住所地的中级法院管辖

四、和解后撤回仲裁申请的法律效果

仲裁协议只能用 1 次，只要根据仲裁协议作出过仲裁裁决，仲裁协议就会失效。撤回仲裁申请后，未作出仲裁裁决的，原仲裁协议没有被使用过，仍然有效。仲裁协议有效，就原纠纷向法院起诉的，法院应不予受理。当事人可以达成新的仲裁协议，不可以要求恢复撤回申请前进行的仲裁程序（该程序已经终结）。

考点
44

44
仲裁裁决的救济

根据一裁终局原则，仲裁裁决作出后，当事人认为仲裁裁决有错误的，不能上诉或申请再审，只能自收到裁决书之日起 6 个月内向仲裁委所在地的中级法院申请撤销仲裁裁决。

开始执行仲裁裁决后、执行通知书送达之日起 15 日内，债务人、案外人[1]可向执行仲裁裁决的管辖法院申请不予执行仲裁裁决。

法院审理撤销或不予执行仲裁裁决案件，应适用审理仲裁司法审查案件程序，组成合议庭，并询问当事人。

注意：法院在审理不予执行仲裁裁决案件期间，当事人又申请撤销仲裁裁决的，法院应中止审理不予执行仲裁裁决案件，先审理撤销仲裁裁决案件。

---

〔1〕《最高人民法院关于人民法院办理仲裁裁决执行案件若干问题的规定》第 9 条第 1 项明确规定，有证据证明仲裁案件当事人恶意申请仲裁或者虚假仲裁，损害其合法权益的，案外人也可以申请不予执行仲裁裁决。

一、撤销仲裁裁决和不予执行仲裁裁决的法定事由

撤销仲裁裁决和不予执行仲裁裁决的法定事由是一样的，包括：

法定事由

1. 无仲裁条款或仲裁协议
2. 无权仲裁、超裁
3. 仲裁的程序违法、仲裁庭组成不合法
4. 伪造证据或隐瞒足以影响公正裁决的证据
5. 仲裁员贪污受贿、徇私舞弊、枉法裁判
6. 仲裁裁决违背社会公共利益

二、不可以申请不予执行的情况

出现以下情况，当事人申请不予执行仲裁裁决的，法院对当事人的申请不予支持：

1. 向法院申请撤销仲裁裁决被驳回后，又以相同理由申请不予执行仲裁裁决的；或向法院申请不予执行仲裁裁决被驳回后，又以相同理由申请撤销仲裁裁决的。

2. 当事人在仲裁庭首次开庭前没有主张仲裁协议无效，此后以仲裁协议无效为由申请撤销或不予执行仲裁裁决的。

3. 当事人请求不予执行仲裁调解书、依据调解协议作出的仲裁裁决书、依据和解协议作出的仲裁裁决书的，但该法律文书违背社会公共利益。

三、仲裁裁决被撤销或者被裁定不予执行的法律效果

仲裁裁决被撤销或者被裁定不予执行后，仲裁裁决无效，仲裁协议随之失效（已经依据仲裁协议作出过仲裁裁决）。当事人可以重新达成仲裁协议申请仲裁，也可以向法院起诉。

案情：靳某申请仲裁后，A仲裁委通过EMS向汇聚公司邮寄送达了仲裁通知书等文书。汇聚公司委托河北省某律师事务所的×律师代理该仲裁案，代理权限为代为承认、变更、放弃诉讼请求，进行和解等事宜。其后，A仲裁委组织询问，靳某和汇聚公司的委托代理人×律师到庭，并当庭提交了和解协议。询问笔录记载，汇聚公司的委托代理人×律师明确表示，就涉案纠纷，双方当事人已经协商好，要求书面审理，并请求仲裁庭出具调解书。A仲裁委根据当事人的申请，经过调解后作出调解书。后汇聚公司申请不予执行A仲裁委

作出的调解书。

问题：法院应如何处理？

[分析思路]《仲裁法》第 51 条第 2 款规定："调解达成协议的，仲裁庭应当制作调解书或者根据协议的结果制作裁决书。调解书与裁决书具有同等法律效力。"《最高人民法院关于适用〈中华人民共和国仲裁法〉若干问题的解释》第 28 条规定："当事人请求不予执行仲裁调解书或者根据当事人之间的和解协议作出的仲裁裁决书的，人民法院不予支持。"本案中，在仲裁时，A 仲裁委依法向汇聚公司等当事人送达了仲裁通知书等法律文书，汇聚公司在接到相关仲裁法律文书后，委托代理人 × 律师到庭，确认了其与靳某签订的和解协议。A 仲裁委依照当事人的意愿调解后作出调解书，是依法履职的结果，该调解书已经发生法律效力。汇聚公司申请不予执行仲裁调解书没有法律依据，法院不应予以支持。

答案：法院应继续执行。因为汇聚公司申请不予执行仲裁调解书没有法律依据，法院不应予以支持。

[法条链接]

《仲裁法》

第 51 条　仲裁庭在作出裁决前，可以先行调解。当事人自愿调解的，仲裁庭应当调解。调解不成的，应当及时作出裁决。

调解达成协议的，仲裁庭应当制作调解书或者根据协议的结果制作裁决书。调解书与裁决书具有同等法律效力。

第 58 条　当事人提出证据证明裁决有下列情形之一的，可以向仲裁委员会所在地的中级人民法院申请撤销裁决：

（一）没有仲裁协议的；

（二）裁决的事项不属于仲裁协议的范围或者仲裁委员会无权仲裁的；

（三）仲裁庭的组成或者仲裁的程序违反法定程序的；

（四）裁决所根据的证据是伪造的；

（五）对方当事人隐瞒了足以影响公正裁决的证据的；

（六）仲裁员在仲裁该案时有索贿受贿，徇私舞弊，枉法裁决行为的。

人民法院经组成合议庭审查核实裁决有前款规定情形之一的，应当裁定撤销。

人民法院认定该裁决违背社会公共利益的，应当裁定撤销。

第 59 条　当事人申请撤销裁决的，应当自收到裁决书之日起 6 个月内提出。

《最高人民法院关于适用〈中华人民共和国仲裁法〉若干问题的解释》

第 13 条第 1 款　依照仲裁法第 20 条第 2 款的规定，当事人在仲裁庭首次开庭前没有对仲裁协议的效力提出异议，而后向人民法院申请确认仲裁协议无效的，人民法院不予受理。

第 24 条　当事人申请撤销仲裁裁决的案件，人民法院应当组成合议庭审理，并询问

考点 44

当事人。

第 26 条 当事人向人民法院申请撤销仲裁裁决被驳回后，又在执行程序中以相同理由提出不予执行抗辩的，人民法院不予支持。

第 27 条第 1 款 当事人在仲裁程序中未对仲裁协议的效力提出异议，在仲裁裁决作出后以仲裁协议无效为由主张撤销仲裁裁决或者提出不予执行抗辩的，人民法院不予支持。

第 28 条 当事人请求不予执行仲裁调解书或者根据当事人之间的和解协议作出的仲裁裁决书的，人民法院不予支持。

《最高人民法院关于人民法院办理仲裁裁决执行案件若干问题的规定》第 8 条第 1 款 被执行人向人民法院申请不予执行仲裁裁决的，应当在执行通知书送达之日起 15 日内提出书面申请；有民事诉讼法第 237 条（现为第 248 条）第 2 款第 4、6 项规定情形且执行程序尚未终结的，应当自知道或者应当知道有关事实或案件之日起 15 日内提出书面申请。

刘鹏飞 主观题

第十讲

回顾与应用

总结梳理

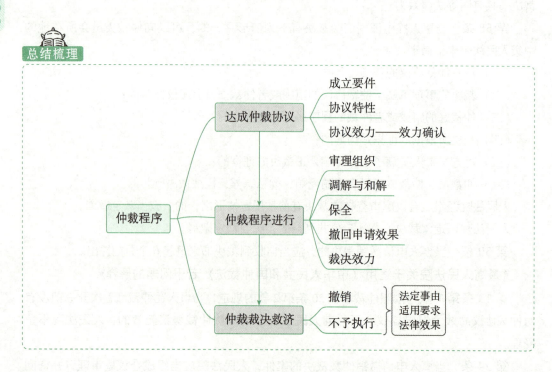

小综案例 >>> ----------------------------------

[案情] 2009 年 10 月，湖瀚公司与海敬公司签订了某工程二期住宅楼的《建设工程施工合同》。2009 年 11 月，杨某与湖瀚公司签订了《公司内部经济承包合同》，约定由湖瀚公司将上述部分工程分包给杨某进行施工。另外，该合同第 11 条第 8 项约定："本协议如有纠纷，则由合同签订地的仲裁机构仲裁。"后双方因履行该承包合同发生纠纷，杨某遂向 A 市基层法院起诉，并请求判令湖瀚公司立即给付工程款及利息，共计 4 403 951 元，海敬公司在欠付工程款范围内承担连带责任。

2016 年 7 月 12 日，一审开庭，湖瀚公司在证据质证过程中提出管辖权异议，请求驳回杨某的诉讼请求。湖瀚公司认为，杨某与其签订的《公司内部经济承包合同》中约定的仲裁条款合法有效，根据该合同的约定，解决双方争议的方式应当是申请合同签订地的仲裁机构进行仲裁。杨某未按照该约定申请仲裁而直接向 A 市基层法院起诉，法院依法应当予以驳回。

杨某认为，湖瀚公司与海敬公司之间的《建设工程施工合同》第三部分"专用条款"第 37 条第 1 款明确约定了解决争议的方式：当事人可依法向合同履行地法院起诉。因此，《公司内部经济承包合同》第 11 条第 8 项"本协议如有纠纷，则由合同签订地的仲裁机构仲裁"的约定无效。另外，《公司内部经济承包合同》的签订地为 A 市，A 市是 B 市的一个县级市，且该合同的仲裁条款没有约定由哪个仲裁机构仲裁。经查询，A 市没有仲裁机构。因此，《公司内部经济承包合同》中约定的仲裁条款无效。本案的主要诉争标的的约定是《建设工程施工合同》，履行的主要合同内容是《建设工程施工合同》。在《建设工程施工合同》与《公司内部经济承包合同》就解决争议的方式存在冲突的情况下，应以《建设工程施工合同》为主。因此，本案属于仲裁条款对仲裁机构约定不明确的情况，根据《仲裁法》第 18 条的规定，该仲裁条款无效，A 市基层法院具有管辖权。

问题：

1. 本案中，《公司内部经济承包合同》的效力如何认定？
2. 本案中，"本协议如有纠纷，则由合同签订地的仲裁机构仲裁"的约定是否有效？
3. 针对杨某的主张，A 市基层法院应如何处理？

[分析思路] 首先要明确本案中的实体部分。本案中存在两个合同，即《建设工程施工合同》和《公司内部经济承包合同》。从性质上看，《公司内部经济承包合同》属于分包合同。根据法律规定，承包人将建设工程分包的，应分包给具备法定资质的主体，而本案中的杨某系自然人，不具备相应资质，故应认定该分包合同无效。

其次要搞清楚解决纠纷的方式。本案中，湖瀚公司将其承包的涉案部分工程分包给杨某进行施工，其与杨某签订的《公司内部经济承包合同》中约定："本协议如有纠纷，则由合同签订地的仲裁机构仲裁。"即便分包合同无效，该仲裁条款也依然有效，这是由仲裁条款的独立性所决定的。另外，还要注意，A 市没有仲裁委，是否就应当认定仲裁协议无效呢？因为 A 市处于 B 市的行政区划范畴内，约定在合同签订地 A 市仲裁也可以认为是约定在 B 市仲裁，所以，依法可以明确仲裁条款约定的仲裁机构系 B 市仲裁委。

但是，本案中，杨某没有依照仲裁条款的约定选择 B 市仲裁委仲裁，而是到 A 市基层法院起诉。因仲裁条款有效，故 A 市基层法院本不应受理。但《仲裁法》第 26 条规定，当事人达成仲裁协议，一方向人民法院起诉未声明有仲裁协议，人民法院受理后，另一方在首次开庭前提交仲裁协议的，人民法院应当驳回起诉，但仲裁协议无效的除外；另一方在首次开庭前未对人民法院受理该案提出异议的，视为放弃仲裁协议，人民法院应当继续审理。本案中，湖瀚公司在 2016 年 7 月 12 日一审开庭后的证据质证过程中才提出管辖权异议，请求驳回杨某的起诉，即其提出异议的时间是在庭审中，而非首次开庭前，根据《仲裁法》第 20、26 条及《最高人民法院关于适用〈中华人民共和国仲裁法〉若干问题的解释》第 13、14 条的规定，视为放弃仲裁协议，A 市基层法院应当继续审理。

答案

1. 本案中，《公司内部经济承包合同》无效。因为杨某并非具备法定资质的分包主体，因此该分包属于违法分包，合同无效。

2. 本案中，"本协议如有纠纷，则由合同签订地的仲裁机构仲裁"的约定有效。虽然分包合同系无效合同，但仲裁条款本身具备独立性，且该仲裁条款明确约定了仲裁委，因此有效。

3. 针对杨某的主张，A 市基层法院应当继续审理。湖瀚公司未在首次开庭前向法院提出管辖权异议，视为放弃仲裁协议，A 市基层法院应当继续审理。

图书在版编目（CIP）数据

主观题考点清单. 民诉法 / 刘鹏飞编著. -- 北京 ： 中国政法大学出版社，2025. 4. -- ISBN 978-7-5764-2013-5

Ⅰ. D920.4

中国国家版本馆 CIP 数据核字第 20258GW029 号

出 版 者	中国政法大学出版社
地 　 址	北京市海淀区西土城路 25 号
邮寄地址	北京 100088 信箱 8034 分箱　邮编 100088
网 　 址	http://www.cuplpress.com (网络实名：中国政法大学出版社)
电 　 话	010-58908285(总编室) 58908433 （编辑部） 58908334(邮购部)
承 　 印	河北翔驰润达印务有限公司
开 　 本	787mm×1092mm　1/16
印 　 张	10.75
字 　 数	255 千字
版 　 次	2025 年 4 月第 1 版
印 　 次	2025 年 4 月第 1 次印刷
定 　 价	61.00 元

厚大法考（上海）2025年主观题面授教学计划

班次名称		授课时间	标准学费（元）	阶段优惠(元) 5.10 前	6.10 前	7.10 前
至尊系列	主观至尊私塾班	4.15~10.7	199000（专属自习室）	①协议班次，无优惠，订立合同。②若2025年主观题考试通过，奖励30000元。若2025年主观题考试未通过，全额退还学费。③资深专业讲师博导式一对一辅导。		
			99000（专属自习室）	①协议班次，无优惠，订立合同；②若2025年主观题考试未通过，退60000元；③资深专业讲师博导式一对一辅导。		
	主观尊享班		45800（专属自习室）	42000	已开课	
	主观至尊班	5.15~10.7	39800（专属自习室）	37000		已开课
大成系列	主观长训班	6.10~10.7	32800	27800		已开课
	主观集训 VIP 班	7.20~10.7	25800	①专属辅导，一对一批阅；②赠送专属自习室。		
	主观集训班 A 模式			20800	21800	22800
	主观集训班 B 模式			①协议班次，无优惠，订立合同；②若2025年主观题考试未通过，退10000元。		
	主观特训 VIP 班	8.10~10.7	22800	①专属辅导，一对一批阅；②赠送专属自习室。		
	主观特训班 A 模式			17800	18800	19800
	主观特训班 B 模式			①协议班次，无优惠，订立合同；②若2025年主观题考试未通过，退10000元。		
	主观高效提分 VIP 班	9.10~10.7	17800	①专属辅导，一对一批阅；②赠送专属自习室。		
	主观高效提分班 A 模式			12800	13300	13800
	主观高效提分班 B 模式			①协议班次，无优惠，订立合同；②若2025年主观题考试未通过，退10000元。		
冲刺系列	主观决胜 VIP 班	9.20~10.7	13800	①专属辅导，一对一批阅；②赠送专属自习室。		
	主观决胜班			7800		8300
	主观点睛冲刺班	10.1~10.7	6800	4080		4380

各阶段优惠政策：

1. 多人报名可在优惠价格基础上再享团报优惠：3人（含）以上报名，每人优惠200元；5人（含）以上报名，每人优惠300元；8人（含）以上报名，每人优惠500元。

2. 厚大面授老学员报名再享9折优惠。

PS：课程时间根据2025年司法部公布的主观题考试时间相应调整。

【松江教学基地】上海市松江大学城文汇路1128弄双创集聚区3楼301室　　咨询热线：021-67663517

厚大法考 APP

厚大法考官博

上海厚大法考官博

上海厚大法考官微